ちくま文庫

サヨナラ、学校化社会

上野千鶴子

筑摩書房

目次

1 東大生、この空洞のエリートたち

どこのどいつや、顔が見たい！ 14
おそろしく素直だった東大生 16
講義を要約しただけのレポート 19
出席を取ってくれという学生 24
東大でもついて回る偏差値 26
偏差値四流校の学生たちは…… 30
内面化された権威主義 34
評価されることに怯えつづけて 37
学校とは失敗してもいいところ 39

2 学校に侵食される社会

近代の制度としての学校 44
業績原理は機会均等で公平か 47
学校では階級が再生産される 52
敗者に現実をどう納得させるか 57
優等生のがわにある不安 60
学校的価値におおわれた社会 66
偏差値を自己評価にする若者たち 68
学校化世代が親となり子育てへ 71

3 少女・母・OLたちの学校トラウマ

「男女平等に!」では話がすまない 78

学力を売るか、女を売るか　81
女のエネルギーの行きどころ　86
エリート女性がエリート男を求める理由　88
虐待母は学校化世代の二サイクルめ　92
売春による女性性の奪還――「東電ＯＬ」　95
失敗を許されない子育て――「音羽の母」　98
業績原理と女らしさのはざまで　101
競争から降りられなくなった女の子たち　107
身体をまなざされる男たち　110

4 学校は授業で勝負せよ

ムダ金になりつづける教育投資　116
オリジナリティとは「異見」のこと　118

「人と違ってよい」となぜ言えない 121
学校を授業専一にダウンサイズ 125
学ぶがわに教師を選ぶ権利を 127
「生産財としての学位」と「消費財としての学位」 129
社会人を満足させられない大学院教育 132
学校は「わかる」快感を提供できるか 136
学問も知的快楽を求める芸事のひとつ 139
自分だけの問いを探究しつづける 144
知育限定の「小さな学校」でたくさんだ 147

5 授業で生存戦略、教えます

どんな状況でも生きていけるか 152
「小さな問題」から取り組んでみる 154

自分でつかんだ発見だから納得がある 158
一次データから情報を絞りあげる 161
インタビューで関係の結び方を学ぶ 166
動くことで偏差値コンプレックスを乗り越える 169
情報生産プロセスを初体験する東大生 174

6 上野千鶴子の楽屋裏

私は僧院生活者 180
それは「主婦って、なに」から始まった 182
対話のなかからアイデアは育つ 186
現場は想像を超えるからオモシロイ 188
女は英語習得にとてもラッキー 192
言語が世界を多極的に見せる 195

外国経験が生みだす「難民」感覚　197
現実を超える元気を現場からもらって　202

7 ポストモダンの生き方探し

未来のために今をガマンする生き方　208
会社と貸し借りナシの関係――フリーター　212
多様なライフスタイルの共存へ　216
「二流エリート」としてのオウムの若者　220
一生を余生のように生きる「だめ連」　225
フリーターは夢ばかり語るというが　228
「持ち寄り家計」という生き方　231
ゴー・バック・トゥ・ザ百姓《ひゃくせい》ライフ　234
自分で「ああおもしろかった」と言える人生　237

あとがき　242
文庫版あとがき　245
解説　「で?」という問い　北田暁大　248

本書は二〇〇二年四月、太郎次郎社より刊行されました。

サヨナラ、学校化社会

イラスト　イラ姫

1 東大生、この空洞のエリートたち

どこのどいつや、顔が見たい！

私は関西にいたころ、高校の先生がたの集まりには、講演会であれシンポジウムであれ、呼ばれたらかならず行くことを自分のルールにしていました。そのころ私は、京都の偏差値三流、四流校といわれる私大や女子短大で教えていましたが、経営基盤が弱く、定員割れを起こせば給料の遅配・欠配が起きかねない弱小私大にとって、高校の先生はお得意さまです。先生がたに学生さんを送ってもらわねばならない、これは弱小私大に勤める私のマーケティング戦略でした。

高三での進路選択にもっとも影響力をもつ重要な他者はだれか。それは親でもなければ友人でもない、高校の進路指導の教師だということが調査からわかりました。私が勤めていた大学に来てもらうためには、進路指導の先生の、「おまえが行ける偏差値のなかなら、あそこに上野というおもろい先生がおる。おまえはあそこが合《お》うとるやろ。行け」の一言が効くのです。そうやって私の本など読んだこともない若者たちが、毎年何人か確実に送りこまれてくる。「将を射んと欲すれば馬を射よ」で、先生がたの集まりはほぼすべてお受けして、足繁くうかがいました。

とはいえ、マーケティングのためだけに行っていたわけではありません。偏差値四流校という言葉、これを私の差別発言だと思わないでください。これは当事者の若者たちがみずからを呼んでいる言葉です。一次志望、二次志望にすべてコケて、最後のどん詰まりの選択ではいってくる若者が大半でした。最初から「どうせ」「しょせん」の負け犬意識の持ち主です。とりわけ女子短大の場合は、「どうせ」のあとに「女だから」、「しょせん」のあとに「女だから」が、骨の髄まで染みついている。彼らは「やってごらん、やればできるから」ということが通用しない若者たちでした。

私は現在の勤務先である東大の学生にこう言います。「やればできる、と思えている君たちのその能力は、君たちが自分で獲得したものではない。それはまわりが君たちに与えてくれた環境のおかげだ。やらせてくれ、できれば褒めてくれ、伸ばしてくれるという環境があってはじめて、やればできる、と思えてきたんだ」と。

親からも教師からも、「どうせおまえなんか」と小さいときから言われつづけ、自分でもそう思いこんでいる若者たちを、「やってごらん」とゼロのスタートラインに立たせるまでが、とにかくひと仕事でした。その若者たちが、生まれたときから「自分なんかどうせ」と思っていたとはとても考えられません。十八年かけて、自発性の芽という芽を摘まれ、叩き潰されてきたのです。

「どこのどいつらや、この子らをここまで叩き潰してくれたのは。顔が見てみたいわ！」。私が高校の先生がたのところに赴いたのは、そういう「好奇心」、いいえ、怒りの感情からでした。

おそろしく素直だった東大生

京都の私大、本人たちが言うところの偏差値四流校から東京大学文学部へ移ってきたのは、一九九三年の春のことです。

東大生に接してなにより驚いたのは、彼らがぜんぜんひねくれていないということでした。素直、おそろしく素直です。大学生というと、どうしても自分の学生時代とくらべます。私はひねくれた学生でした。学園闘争の時代（1）でしたから、学校や教師というものをどこか軽蔑していたし、ハスに構えて接する姿勢が骨の髄まで身についています。だから東大生の素直さにあっけにとられたのです。

エリート大学の学生が、しかも単純なエリートなら法学部や経済学部へ行くだろうに、かりにも文学部へ来るような、わかりやすい上昇志向は捨ててきているであろう者たちが、こんなに素直でいいのだろうか、という思いでした。私は学園闘争期の京大文学部で、一癖もふた癖もある同輩の男たちに揉まれて育ちましたから、ひとつにはエリート大学・東大、もうひとつは文学部、このふたつの条件をかけ合わせてみたとき、教師の言うことを素直に聞き、なにか言ったらいっせいにそれをノートにとる学生の姿にあぜんとしたのです。

それは大学院生でもおなじでした。私は自分の基本的なスタンスとして、院生はセミプロである、もはや学生ではない、自分の研究課題を抱えて自分で取り組む人間である、と思っていました。私の院生時代がそうでしたから。私はだれからもコントロールされない院生でした。だから彼ら・彼女らの自主性にゆだねようと考えていましたが、のちに私は考えを改めざるをえませんでした。彼らに口も手も足も出さないとどうにもならない、ということが、しだいにわかってきたからです。

(一)　学園闘争の時代
一九四八年生まれの上野千鶴子が京都大学に入学したのは一九六〇年代後半のこと。このころ、大学の特権性や安保体制などに反対して激しい学生運動が起こった(全共闘運動)。一九六九年、東大安田講堂での機動隊との攻防はあまりにも有名。同時期、世界でも若者の反乱と呼ばれるラディカリズムのうねりがあり(欧米の六八年世代や中国の紅衛兵世代)、ウーマン・リブなど多くの運動をそのなかから生みだした。

素直ということですが、逆説や皮肉を言っても、学生たちはその言葉を額面どおりに受けとるのです。私が長く暮らした関西は言葉に芸があるところで、「あんた賢いな」と言うことでどのくらいアホかということを含蓄します。そういう逆説が東大生には通じない。「あんた賢いな」と言われてホントに単純に喜んだり、逆に裏返しのことを言ったらまじめに怒りだしたり。

　私は赴任した年から、年度最初の授業で一年分の文献リスト(2)をバンと出す演習のスタイルをとってきました。そのときに著者名を挙げて、「この人知ってる?」と聞いたとき、ほとんどすべての著者を知っている「現代思想おたく」のような学生が一割ぐらいはいます。しかし、ほとんどすべての著者を知らない人がマジョリティです。「日本のフェミニズム思想」というテーマで挙げた著者のなかで、全員が知っていたのは田嶋陽子(3)さんひとりでした。「なんや、東大生って偏差値高いだけのふつうの子や」というのが、そのときの私のいつわらざる印象です。

　私がそれまでいた偏差値三流校、四流校の学生は本を読みません。活字を読むと「先生、頭痛《いと》うなるわ」という子たちでした。ですから、接している生身の私がどんな人間かはわかるけれども、「上野千鶴子」というブランドは知らない。逆に、東大の学生は私のブランドは知っていて、そのブランドに引かれて授業に来るわけですが、そうやって来た学生たちの知識水準がその程度だったわけで、それが「偏差値高いだけのふつうの子や」という印象になったのです。

講義を要約しただけのレポート

東大に赴任した一年目にはもう一つ、大ショックがありました。

（2）一年分の文献リスト
上野ゼミは多読型の読書ゼミであり、一年間かけて大量の文献を読む。たとえば、二〇〇一年度のテーマは「アイデンティティの政治」であるが、全二八回のゼミで、六六文献（英文文献含む）、計二七〇〇ページ余りを読破する。「上野ゼミに参加して一年たてば、今年のテーマについて、いっぱしの口がきけるようになります」とは、ゼミの初回で毎年、上野千鶴子が言い放つ殺し文句。
（3）田嶋陽子（たじま・ようこ）
一九四一年生まれ、元法政大学教授・元参議院議員（社民党）。九〇年に「笑っていいとも！」にゲスト出演、そのユニークなキャラで人気を博し、九一年からは「たけしのTVタックル」にレギュラー出演。「男はパンツを洗え」など強烈な発言をくりだし、いちやく有名人となる。現在の日本でおそらくもっとも知名度の高いフェミニスト。この知名度と女性層の支持を武器に、〇一年には参院選全国比例区に社民党から立候補、みごと初当選を果たした。英文学・女性学研究者として著書も多く、とくに『愛という名の支配』（講談社＋α文庫）は、自分史とからめながらフェミニズム思想についてわかりやすく紹介する好著。

いまの話はゼミでのことですが、学部生を対象に半年二単位の講義を行なっていました。私は試験などしませんから前期終了時にレポートを出してもらったところ、集まったレポートを見て絶句したのです。『家父長制と資本制』(4)を出して間もないころで、それをタネ本にしたと思います。テーマがテーマだったので、経済学部や法学部の学生も相当数いました。最初、百人以上が出てきて歩留まりが七、八割。そうやって提出された百枚弱のレポートを見て私は正直、怒り心頭に発したのです。

どのレポートもどのレポートも、私が授業で言ったことの反復であり、要約でした。新しいことも、オリジナルなところも、どこにもない。私の講義になにかつけ加えるようなところはほとんどない。私が言ったことをまとめてあるだけだったのです。

陰々滅々としてきました。どれを読んでも判で押したような要約で、自分の自画像を見せられているようなものです。自分がなにが言いたいかは私がいちばんよく知っており、同時にその欠陥も私がいちばんよく知っています。それを縮小再生産のかたちで見せつけられるわけですから不愉快でなりません。教師も感情の生き物、「ええい、こんなレポート落としてやる」と怒りまくっても、落とすまでにはいたらない。なぜなら、見るべきところなどなにもないくせに、要約のツボだけははずしていないから不可にはできない。それで可ぐらいはやらざるをえないのです。

そんなレポートばかりのなかで、十枚にようやく一枚か二枚の割合で、私が言ったことになにかプラスアルファをつけ加えるレポートが現れる。ほんとうにチラッ、チラッという感じでした。

夏休み明けの後期の第一回の授業で、それはいまでも神話になっているそうですが、私はレポートにたいして一時間半、怒りをぶちまけつづけました。そして、「君たち二度とこんなことするな」と引導を渡した。とにかくみごとに要約ばかりだったのです。授業に出ていた学生は授業で言ったことを要約するし、来ない学生は要領よく私の著書からつまみ食いして要約する。

このレポートの経験で東大の学生がどういうものか、私が過去に教えた偏差値三流校の学生とくらべて、ちがう点がハッキリわかりました。つまり、的確なまとめができるために、全体として平均値は高いのですが、ただし、オリジナルなレポートが出てくる確率がぐんと低い。

逆に私学の学生は、ばらつきが大きくて全体の平均値はぐんと低い。私の言ったこと

（4）家父長制と資本制　岩波書店、一九九〇年、上野千鶴子の代表作の一つ。七〇年代以降のマルクス主義フェミニズム（一八七ページ注4を参照）の理論を批判的に整理し、「資本制＝階級支配」一元論の社会主義婦人解放論と、「家父長制＝性支配」一元論のラディカル・フェミニズムを統合したもの。資本制と家父長制の弁証法的な関係からなる「二元論」を主張する。この本をきっかけとして上野ゼミに入る学生も多い。

をほとんど理解していない学生もいます。しかし、オッと読ませるレポートが数枚に一枚ぐらいの割合で出てきます。読むにたえないものも多いけれど、とにかく教師がしゃべったことではなくて自分が考えたこと・感じたことを書いたものが、東大生よりも高い割合で出てくるのです。

私はいろいろな私学で非常勤講師をやりましたが、ほかの私学でもそういう傾向がありました。ところが、東大だとオリジナルなものが出てこず、要約ばかりが出てくる。なるほど、こういうふうに選抜されてきているのか、とつくづく思いました。

もうひとつには、的確でそつがない要約は法学部に多いということです。私がフェミニストだということは天下に明らかですから、それに楯突くようなドジはしない。フェミニストを怒らせないような要約を出す学生がいるな、と思ったら、ほとんど法学部からの聴講者でした。

つまり、この人たちは私の授業を聞いてフェミニズムを理解したのではなくて、たんに教師に適応しただけなのです。こういう人びとは、私の授業に出れば私に同調します。藤岡信勝(5)さんの授業に出れば、藤岡さんに同調するでしょう。官僚機構にはいれば、官僚機構に同調します。そういう高い適応能力をもった人材の集団が、東京大学には存在します。それが日本中から選び抜かれ、集められているのです。私が東大で自分のお客さんとして受けとった人びとは案外、素材が悪いかもしれないと思い知ったのはこのときでした。

こんなに素直な、ものごとを額面どおり受けとる連中には、ちゃんとガイダンスをしておくべきでした。レポートを出題するまえに、大学の教師には二種類いて、レポートに自分の言ったとおりのことを書かないと怒る教師と、自分の言ったとおりのことを書くと怒る教師とがあって、キミたち、「傾向と対策」ぐらいちゃんと考えよ、と。そこまで言わないとわからない、気の利かない学生サンが大多数なのです。

(5)　藤岡信勝（ふじおか・のぶかつ）
一九四三年生まれ。拓殖大学日本文化研究所教授。社会科教育を専門とする。九四年に「自由主義史観研究会」を組織し、近現代史の再解釈に乗りだす。著書『教科書が教えない歴史』（産経新聞ニュースサービス・一九九六）はベストセラーになった。九六年には西尾幹二、坂本多加雄ら右派知識人と「新しい歴史教科書をつくる会」を結成。「ゴーマニズム宣言」で有名な漫画家・小林よしのりも後に会員となり、小林の知名度の高さや、折からの「従軍慰安婦」問題の盛りあがりを受けて、「つくる会」は広く知られるようになる。藤岡らは、「自由主義史観」はイデオロギーから「自由」であると主張するが、しかし価値自由な歴史記述などありえないこと、彼の言説がじつのところ保守派の焼き直しにすぎないことは、すでに多くの論者がきびしく批判している。

出席を取ってくれという学生

たしかに私の学生時代にくらべ、学生の気質は変わりました。だいたい、大学の授業は「出なくて単位とるのも芸のうち」です。出席をとるなどのバカげたことは、私はいっさいしない。私学では教師に出席をとることを教務課が要請するところもありますが、点呼だけで十分間ぐらいはかかるし、制度あるところ抜け道ありで、代返はあたりまえ。

それで私はレスポンス・カード方式（略してレスカ）を採用して、授業のあとで毎回コメントを書いて提出してもらっていました。教師によってはそれを出欠カードに兼ねている人もいましたが、私はそれも採用しませんでした。

レスカは匿名でかまわない。評価の対象にはいっさいしない。どんな批判的なことでも匿名でかまわないから書け。ただし、私に覚えてほしかったら自分の名前を書け。授業は一対多数だから、一年たっても顔と名前が一致することなんか期待するな。目立ちたければ名前を書け。毎回読めばだれかということはわかる……という、オープン・アンド・フェアなやり方でやってきました。

そして、聞きたいやつだけ来い、教室へ来て眠るぐらいなら家で寝ろ。来なくていいのが大学の特権、出なくて単位取るのも芸のうち、あとはレポートで一発勝負、すぐれたレポートさえ書けばいい。そうやって学校に出ずとも低空飛行で単位を取って、それでやっていけるのが大学というもの。これが私の大学遊泳術でした。

私は教壇に立ちながら、熱心に授業に出てくる学生の気持ちがわかりません。「先生、学生時代なにやってたの」と学生から聞かれたら、いまでも戯れに「マージャンとセックス」と言うのですが、それがいちばんヒマがつぶれました。だいたい人生がかったるくて、大学へ行くことはそのなかでももっともかったるいことで、「マージャンとセックス」のほうが、まだいくらかおもしろかったのです。

授業よりおもしろいことは世の中に山ほどあります。そっちがおもしろければそっちへ行けばいい。授業に来るからには聞く気で来る人だけでかまわない。歩留まり悪くてかまわない。なんの得にも出欠にも単位にもならないけれど、おもしろいと思って来てくれたらそれでいい。そういう常連さんとおたがい楽しんで過ごせればこんないいことはない、と思ってやってきたのです。

しかし、八〇年代の後半ぐらいから、「先生、出席をとって下さい」という要求が学生のあいだから出てくるようになりました。同僚の教師たちと、前代未聞だと言いあったものです。とくに私が学生生活を送った京都大学というところは昔のカルチャーが残っていて、開講日が設定してはあったのですが、四月は連休あけまで授業はなし、七月にはいればなし、休みあけの九月はなし、十二月にはいればなし、一月以降はなし、通年講義で十三回……天国みたいなところでしたから、学生が出席をとってもらいたがるなどとはにわかに信じられませんでした。

もうひとつ、教科書を決めてくれと言うようにもなりました。私は自分の授業に「正解」などというものがあるとは思っていないので、教科書は原則として決めません。しかし、出席を取ってくれ、教科書を決めてくれ、と要求する学生が現れはじめた。ひと昔まえなら、それは抑圧だ、反動だ、と反発したことを、自分から要求する学生が、時期的には共通一次試験が始まってから現れるようになったと思います。

東大でもついて回る偏差値

教師の言うことを要約する、出席のために授業に出る、教科書を決めてもらいたがる……。学ぶとか学問するということがどういうことか、ぜんぜんわかっていないということもありますが、とはいえ私が受けとっている学生は、教養課程の二年間を経てきています。教養課程の教育がなんの効果もなかったことは、学生を見ているとひしひしと感じます。

東京大学は蓮實《はすみ》前総長のご手腕で教養部改革⑹をやりとげ、日本で唯一、教養部を解体せずにすんだ大学ですが、受けとっている学生の質に変化がないことから見ると、改革の効果はなかったと言わざるをえません。学生サンはホントに素直だから、「あんたたち、教養部でなにやってきたの」と言うと、「先生、ぼくらがいちばん賢かったのは十八歳のときだった」と言うのです。磨きぬいた受験技術は二年間のあいだに指から水がこぼれるように落ちて、「じゃ、あんたたち、教養課程でバカになっただけ？」と挑発的に聞いたら、「ハイ、そうです」と素直な返事が返ってくる。こんな連中、どうやって相手にすればいいのでしょうか。

もうひとつ、東京大学の文学部へ進学する文科三類[7]には、進学振り分け（進振り）[8]というひじょうに困った制度があって、教養部時代の成績順に行きたい学科へ振り分けられます。大学へ来てからも偏差値輪切りがついて回るわけです。私はこの制度を

(6)　教養部改革

大学改革とは、文部省（現・文部科学省）の主導により一九九一年から始まった教育政策であり、大学設置基準が大綱化・自由化の方向へ改訂されたことを受けて、各大学が独自の判断によって研究教育組織や教育課程の編成を行なうようになった。これによりほとんどの大学が教養部を廃止・再編し、一年生時から学生に専門教育を施すようになる。しかし東大では、当時の学長・蓮實重彦の強い主張により教養部存続が決定し、同時に教養部の科目が大きく刷新されることとなる（九三年度から実施）。ベストセラーとなった『知の技法』三部作や、『The Universe of English』（いずれも東京大学出版会）は、このとき東大教養部の教科書として生みだされた。なお、蓮實重彦は映画評論でも著名。

なくして一年生から専門教育を、と主張して、教養部教育を強調する人と対立しています。社会学関係の学科で言うと、駒場(9)にある教養学部の相関社会学科(10)が進振りの成績が上位で、本郷の文学部にある社会学科がつぎに来ます。だから新三年生に「どうして本郷の社会学科に来たの」と聞くと、「教養の相関に行きたかったのですが、進振りで落とされました」と悪びれもせず言うのです。私が学生サンの素直さにあぜんとしたというのはそれです。

なるほど、成績が足りなかったのは事実でしょう。でも、人間には世知《せち》というものがあって、目のまえにいる本郷の教師に面と向かって、それをそのまま恬《てん》として恥じることなく言うということは、ひと昔まえの学生ならしなかったことです。

私はそれが事実だから怒っているのではない。セカンド・チョイスでけっこうです。しかし、それを当の教師のまえで言うのははばかるということくらいの知恵さえない。これが関西人だったら、「そんなん、先生がいるから来たに決まってますよー」で、言うほうも信じてない、聞くほうも信じてない、それで暗黙の了解が成り立つという芸がありますが、そんな韜晦《とうかい》も逆説もアイロニーもなにもない。そういう子が二十歳をすぎたいい大人なのです。

ところが、偏差値意識というか費用対効果というか、計算高いところは本郷に来ても忘れないのが東大生です。私は授業に出なくてもレポート提出で単位がとれる授業をや

(7)　文科三類

東大教養部は、文系の文科一類(「文一」と略称する、以下同じ)・二類・三類、理系の理科一類・二類・三類の六つの類に分かれている。これらの進学先は若干の例外を除き、文一＝法、文二＝経済、文三＝文・教育、理一・理二＝理・工・農・薬、理三＝医に決まっている。なお教養学部後期課程には、理系の学科を除けば、どの類からも進学できる。

(8)　進学振り分け

文三・理一・理二では、各専門学科の定員を志望者が超えた場合、二年前期までの成績により進学者が決められる制度がある。これを進学振り分け(進振り)と言う。進学先の内定は、二年の前期試験終了後に掲示され、成績の低かったものは、第二志望、第三志望への進学を余儀なくされる。しかし、これはあくまでも内定であり、二年後期の試験終了後、進学に必要な単位が充足できていなかった学生は内定が取り消され、掲示板の名前が黒マジックで抹消される。これを「黒マジ」と呼ぶ。春の駒場には合格発表とはべつの悲喜こもごもが展開されている。

(9)　駒場・本郷

東大キャンパスは大きく分けると目黒区駒場と文京区本郷の二か所に存在し、駒場は教養学部全体、本郷は教養学部以外の学部の後期課程・大学院という編成になっている。ほとんどの東大生は、一・二年次は駒場で、三年次からは本郷で学ぶことになる。

(10)　相関社会学科

教養学部後期課程の専門学科の一つ。瀬地山角・佐藤俊樹などはこの学科の教官。東大生のあいだではこの学科は、その研究内容よりも「進学の難しさ」によって有名かもしれない。進振り時に公表される進学最低点により、相関社会科学や表象文化論を頂点とする偏差値ピラミッドができあがっているからだ。

っていましたが、しばらくして方針を変え、授業での要求水準を高めました。いちばん負担の重いときには、指定文献を読んで十五週間、毎回レポートという授業をやりましたし、最低でも中間レポートは要求します。

すると学生は、たかが二単位とるためにどれだけの労力を投入するか、それは損か得かを計算するのです。おかげさまで「上野の授業はコストパフォーマンスが悪い」という評判が定着して、つまみ食い気分とか、その教師が書いたものを二、三本読んでお手軽レポートという、私が避けたいと思っていたタイプの子ががっくり減って、そうとう精神衛生によくなりました。

そのかわり、手のかかる授業にはなった。レポートに私はコメントを入れてフィードバックしますから。そういうタイプの授業は、文学部では柴田元幸先生がたいへん熱心に翻訳の授業でやっていらっしゃいますが、ほかにはあまりないようです。とはいえ、コメントを書いてもレポートを受けとりにこない学生もいます。自分のやった仕事へのレスポンスが気にならないというのも、よくわからないことです。

偏差値四流校の学生たちは……

では、一方で偏差値四流校の学生とはどういう人たちでしょうか。それは言語的な訓練に失敗した、あるいはそれを十分に受けてこなかった人たち、と言うことができます。メッセージには、言語によるメッセージと言語外のメッセージとがあって、偏差値の低い学生たちは言語によるメッセージを解読する訓練に欠けているのです。ところで言語とは、なにかを理解するための道具ですが、同時にそれは、なにかを誤解するための道具でもあります。ウンベルト・エーコ(11)は、「言語はウソをつくための道具だ」と喝破しました。――もっとも私は長いあいだ私学で苦労してますから、東大でなければ「エーコによれば」みたいな前フリはぜったいやりません。東大生は「エーコってウンベルト・エーコですか?」と聞いてくる。ぼく知ってますよ、というパフォーマンスです。ま、それは余談ですが……。

現実にたいしてつねに不足なのが言語ですが、現実にたいしてつねに過剰なのも言語です。言語を身につけるということは、現実を理解することでもあるが、誤解することでもある。言語的な訓練を受けている人びとは、言語の記号性に過剰に依存する傾向が

(11) ウンベルト・エーコ (Eco, Umberto)
一九三二年生まれ。イタリアの記号学者、ボローニア大学教授。記号学理論でもっとも注目される学者の一人であり、また文学・批評理論の難解な概念を一般に広めるのに大きな役割を果たしている。中世ヨーロッパの僧院を舞台とする小説『薔薇の名前』(一九八四)は映画化され世界的なベストセラーになった。『記号論』(一九七九)など著作多数。

あります。かんたんな言い方をすると、私に対して「あの上野」と、「あの」がつくわけです。エーコが、と言うと、「エーコ」というブランドがつく。たとえば、エーコが言ったこともないデタラメを私が言っても、「エーコによれば」と言ったとたん、聞くがわに構えができて、そこに記号価値が発生する。それが通用するのは言語的な訓練を受けてきた子どもたちです。

そうした言語的な訓練に失敗したか、十分に受けてこなかった子どもたちが、偏差値四流校の学生たちです。でも、その人たちには知識はないかもしれないが、知恵はある。彼らは語り手が「なにを」言ってるかではなくて、「いかに」言っているか、本気かどうか、に反応する。それを嗅ぎわけるのが彼らの知恵です。

そのことをいちばん感じたのは、女子短大で教えていたときでした。私は短大で一般教養の社会学概論という、だれも関心をもたない科目を担当していたのですが、社会学者の固有名詞を一切言わずに社会学概論をやろうと決めました。そして、彼女たちの日常経験のなかにあるアイデンティティとか青年期とか親子関係とか母と娘とかという主題を選んで、「現実がこんな道具で切れるよ」「あなたの抱えている問題はこうやって解釈すればこういうふうに解けるよ」ということを話したのです。既存の社会学を押しつけようとしたら、とたんに学級崩壊が起きます。私語、雑談、メモまわし……男の目のないところでは、女の子たちはほんとうに傍若無人ですから。

自分のことだと思われる話にもっとも食いいるように聞きいった学生は、その短大の体育学科の学生でした。肉体派の女子学生は反応も肉体的です。話がつまらないと完全にそっぽを向くかわりに、女性とか身体とか性とか、自分にかかわるテーマだと、どんどん食いついてきました。

それからもう一つ、本気かどうかを嗅ぎわける彼らに向かうとき、自分に課したモラルがあります。教師が嫌いでバカにしていた私が、教師になるしか飯のタネがないとハタと気がついて教壇に立ったとき、私は自分がおもしろがっていないことを他人サマにおもしろがってもらうことはできない、だから自分がおもしろいと思うことだけをやろう、と決めました。

ある私学では、昼の一部の最後のコマと夜の二部の最初のコマとをつなげてリピートでやりましたが、その両方を聞いた一部の学生さんで、「先生、二部のほうが力《りき》はいってるわ。オレ二部で聞くわ」と言って、二部の常連になった人がいます。仕事が終わってから来る二部の学生のなかに、毎回遅れずに来てはノートもとらずに、じっと私の顔を見、居眠りもせずに聞いている人が何人かいました。客席にそういうお客サンがいたら、それは気もはいるというものです。

そんな二部の学生たちと、私は授業が終わると決まって駅のそばの飲み屋で飲んで、わずかな非常勤給をパーにしましたが、学生の一人が、「授業でいちばん楽しんでんの、先生や」と言ってくれたことがあります。こんなうれしい言葉はありません。学生さんが楽しんでくれたかどうかはわかりませんが、少なくとも私がおもしろがっている姿だけは伝わったのですから。そうやって毎週飲んだ連中と、私はいまでもつきあいが続いています。

言語的なメッセージの解読力が低い人たちは、言ってる相手が本気かどうか、そういう言語外のメッセージを読みとります。そういう人たちに認めてもらうということはなかなか大変なことで、私はそのころ、「犬と子どもと学生サンは騙《だま》せまへん」と言ったものです。反対に東大生は権威——活字で書かれたことと か教壇で語られること、ブランドのある人が言ったこと、そういうものに深くとらわれているということが見えてきます。

内面化された権威主義

東大生は権威主義を深く内面化した人たちだということが言えます。

権威主義というのは、自分より強そうに思えるものには闘いを挑まないということです。強そうなものというのは、マイクを握っていたり、一対多で一段高いところでしゃべっていたり、スポットライトが当たっていたり、活字で書かれていることだったり……。そのなかでいちばん大きいのは、やはり制度に守られているということでしょう。そういう権威に従順な人が東大生だし、権威に従順だったから東大にも来たわけです。

社会学では「権力」と「権威」と「影響力」、この三つをパワーの概念のなかで区別します。

権力とは地位にともなう、他者を服従させたりみずからの意志に従わせる能力のことです。この権力は地位にともなうものだから、地位から去ればなくなります。権力の座から追われた元権力者ぐらいみすぼらしいものはありません。

権威は地位や制度にもともないますが、権威を権威として受けいれるのは服従者のがわです。だから権威は、服従者のがわが「王様は裸だ」と言えば終わりです。

影響力は百パーセント、影響を受けるがわの選択に依存します。影響力を持っているという言い方をするけれど、それは倒錯的な言い方で、影響力はそれを持っていると見なされる人が自分の意志で行使したいと思っても、できるようなものではありません。受けるがわが影響されようと思って影響されるものです。

教師や親は権力を持っていますし、私は教室では小権力者です。それを平場《ひらば》の関係とか、学生と対等な関係だとか言うのは欺瞞だと思うから言いません。が、権威については受けとるがわが、東大なにするものぞ、上野なにするものぞと思えば疑うことができる。しかし、そうしてこなかった、ある意味でロスの少ない人生を送ってきた子どもたちが、こうして東大に来るのでしょう。

もちろん、偏差値四流校の子どもたちが権威主義に毒されていないと理想化する気はありません。権威にもいろいろあります。マスコミも権威ですから、マスコミによく登場する人は権威ですし、偏差値四流校の子どもたちは電波媒体にはものすごくさらされています。

だから、たとえばアイドルにファンがつき、女の子たちがキャーキャー騒ぐ。そういうアイドルが自分のファンのだれかに「今晩このホテル泊まるけど、君、来る?」とか言うと、ホイホイ行って自分でパンツを脱ぐ子がいます。そのときその子は権威と寝てるわけで、人間と寝ているわけではない。そういう人気主義という名の権威主義が、偏差値四流校の子にないとは言いません。彼らだって権威には弱い。権威の種類が違うだけです。

ところが、世の中というのは困ったもので、さまざまな権威のあいだにランクをつける。電波媒体の権威より活字媒体の権威のほうが上だということを、活字媒体の権威が、なんの権利があってか、主張するわけです。

私は活字媒体の人間で、いまは活字の権威に弱いお客さんと接しています。以前のお客さんは私の権威の記号性が有効性をもたなかったお客さんでしたから、むしろそちらのほうが私にとってはきびしく、鍛えられたということは言えるでしょう。

評価されることに怯えつづけて

権威主義をなまじ内面化してしまうと、どうなるか？

私は東大に来てから、ゼミではディスカッションを中心にやっています。指定文献について報告をしてもらうときにも、要約はいらないから、あなたがこれをどう読んだか、なにを感じたか、どう考えたかを報告してください、ということを一貫して言ってきました。そのうえで自由にディスカッションしてくださいと言うと、シーンとなります。

もちろん、それはどこの大学でもゼミの最初、数週間はそうです。小中高をつうじて授業中に自由にしゃべってもいいという経験をしていませんから。しかし、だんだんタガがはずれてくると、四流校ではいろんな意見が出てきます。雰囲気をよくして私と受講者とのあいだに親密さができて、この教師は自分がなにかを言ってもそのことにいい悪いの判断をしないという安心感ができてくれば、ときには「先生、私、こんなことははじめて言うけど」というような発言が出てくる。これまで偏差値の劣位者として自分の言うことに価値がないと思わされ、だれにも耳を傾けてもらえなかったのに、いまはクラス全員が自分の言うことを待ってくれているという喜びとともに、堰《せき》を切ったように発言しはじめます。

ところが、東大生はシーンが続くのです。なぜかというと、聴衆は教師の私ではなく、同輩集団がほんとうの聞き手で、その同輩集団のまえでへたなことを言って恥をかいてはいけないというプレッシャーに支配されているからです。無知なこととか恥ずかしいこと、かっこわるいことを、みんなのまえで言ってはいけない。いっぱしの口をきかなければいけないというプレッシャーです。優劣をつけられる、評価づけられることを恐れる雰囲気が重くたちこめていますが、それは四流校の子たちにはありませんでした。だから私はそれを「東大生シンドローム」と名づけました。

東大生シンドロームは、権威主義が内面化されていることからくる恥の感覚です。偏差値一流校では、教師ではなくて同輩が自分にとっての判定者だというそぶりが見えます。そのなかでいっぱしのものと認められるためには、いっぱしの口をきかねばならないというプレッシャーが場をおおっている。

同じプレッシャーを、私はアメリカのエリート校でも感じました。日本からの訪問者がよく、アメリカの大学ではすごくディスカッションがフリーでアクティブで、みんな思い思いの意見を表明してすごいね、などと言いますがとんでもない。超エリート校はそんなことはありません。シーンとしています。ここでは自分の無知をさらしてはいけない、と脅えさせるような雰囲気があるのです。

そうすると、発言をするにも作法があります。I might be wrong, but it seems to

me…、間違っているかもしれませんが、いまのことは私にはこのように聞こえますが、という言い方です。まさに慇懃《いんぎん》。ゼミナールはセミプロ研究者とプロ研究者との互角な闘いであり、自分にはそれに匹敵するだけの力量があるというパフォーマンスをしなければいけない。それを他の学生がじっと見て、そいつがなにほどの者かということを値踏みする。そのプレッシャーが教室に重くたちこめているのです。討論がフランクなのは州立大学やカレッジなど、ようするに二流校においてです。私は討論の活発なある大学で、発言のレベルの低さにあきれたことがあります。

それは東大でもまったくおなじ。おたがいがおたがいを値踏みしあう関係で、失敗することを恐れ、学生どうしのサポーティブな雰囲気がありません。これでは伸びるわけがありません。

学校とは失敗してもいいところ

学校は実社会とは異なる場です。失敗が許され、それがダメージにならずにすむ場であり、試行錯誤ができる訓練期間です。人は失敗から学ぶ生き物ですから、なにかをやれば失敗する可能性があるのはあたりまえで、こんなに失敗を恐れていては伸びない、と私は思います。弱点は、それをさらして人から指摘されることでみずから気がつきりカバリーされていくものですから、失敗できないところでは成長は望めません。

ただ、東大生を教えていて私がおもしろいなと思ったのは、「ミシェル・フーコー(12)ってがこんなこと言ってるけど知ってる?」と言うと、知らないとは口が裂けても言わないことです。知らないと言わないけれど、一週間後には読んでくる。京大生にも顕著でしたが、エリート意識はエリートを育てる効果をも持つ、と言われるのは、それがあるからです。

エリートは、自分がなにかを知らないということを自分で認めるのがイヤなのです。他人に知られるのはもっとイヤです。プライドが許さない。だから爪先立ちして生きています。そんな「困ったちゃん」がエリートなのですが、困ったちゃんのなかには、その爪先立ちのぶんを自分でクリアーしてしまう能力をもったものもいます。一週間後には読んでくる。そうやって爪先立ちしているうちに、いつしか身の丈がそこに届いている。これを独学といい、そうやって学んだ人をセルフメイド・パーソン、自分で自分を作り上げた人といいますが、エリートのなかにはたしかにそういう能力をもった人もいて、そのことはバカにはできません。

ただし、そういう人は稀有です。大学教師としてそういう人だけを相手にしているわけにはいかない。稀有な人にあわせていたら、マジョリティの平均値が下がります。マジョリティを引き上げようと思ったら、タネとしかけをつくり、手を引っ張って、尻を押して、「失敗してもいいからやってみようよ」と言わないとダメなのです。

東大はたしかに人材を輩出しています。が、それは教師がいいわけでもカリキュラムがいいわけでも、システムがいいわけでもない。それでも、人材を輩出できたのは、そこへ来る学生の母集団のなかには多少いい素材もまじっていたからです。ハズレも多かったが、アタリも出た。

そのいちばん極端な例が京大です。京大は、教師には教育する気がない。学生も教育される気がない。そうすると異才が出るのです。ただし、歩留まりがものすごく悪い。たしかにヘンな人が出てノーベル賞もとるかもしれないが、それは京大の教育がよかったからではなくて、最初から母集団のなかにそういう人材がいたからです。東大も母集団のなかの力量ある人材に依存してきたのです。私たちはそれを「放し飼い」と呼んで

(12) ミシェル・フーコー (Foucault, Michel)

一九二六〜八四。フランスの哲学者。すべての存在は言説の網の目を通してはじめてとらえられるとし、「知の系譜学」を創始した。間違いなく二〇世紀最大の哲学者の一人であり、フーコー以前と以後では「主体」「権力」「知」「真理」などの意味が大きく変わる。『知の考古学』(一九六九)、『監獄の誕生』(一九七五) など著作多数。とくに『性の歴史』(一九七六) は、それまで歴史がない (自然や本能である) とされてきた「セクシュアリティ」(性にまつわる現象) について歴史研究を宣言する重要文献であり、上野ゼミでは必読の書。

います。

もう一つつけ加えれば、東大にあるのはピア（同輩集団）の教育力です。その点では東大生は恵まれている、と言えるでしょう。

学生のなかのセルフメイドな人材に依存して、教育の貧弱さが隠蔽《いんぺい》されてきた。それが共通一次以降、母集団のつぶが小さく質が低下してきたのに、その状況にたいして受け皿の制度やカリキュラムや人材が対応してこなかった結果が、いまの大学の「学力低下」なるものの姿だと私には思えます。

2 学校に侵食される社会

近代の制度としての学校

学校はなぜ試行錯誤を子どもや若者に許し、彼らが失敗から学んで育つ場所とはなっていないのでしょうか。それは、近代(1)における学校の機能が、べつのところにあるからです。近代の社会において学校はいかなる機能を果たしてきたのか。ここではそれを見ていきましょう。

さきに述べたように、私は高校の先生たちの集まりには極力、出かけるようにしていました。最近もある先生がたのための講演会にうかがう約束をしたところ、担当者のかたからレジュメを送ってくれと矢の催促があって、先生という人たちは注文の多い人たちだな、と思いました。レジュメというものがないと、授業を聞いたという気持ちになならないらしい。しかも講演会に行くと、私が送ったレジュメがメモ欄つきで印刷されていました。すごいなあ、どこまでもお勉強モードで来てるんだ、と感心したものです。学校の気風って、いつまでも変わらないものです。

学校という制度は近代以前にはありません。近代になってから新しくできた職業は、官員さんと社員さんと教員さん。「員」のつく名の職業です。これは学校も教師も、すべて近代の産物であって、それ以前には存在しなかったということです。

そういうと、寺子屋などがあったではないかと思われるでしょうが、寺子屋やそこでの師弟関係は制度的なものではありませんでした。なにかの職業に就くためにはそこを経由することが必須であるとか、そこを経由したらなにか資格を与えられるとかということではない。行く行かないはあくまで自由な私塾であり、寺子屋の師匠は国家公認の

(一)近代

一般的には、産業革命に始まる工業化の時代のことであり、日本に注目すると明治維新に始まって現代まで続く時代のこと。学問分野あるいは論者によって「近代」の時代区分・内容・評価は異なっているが、社会学では、国民国家の確立、国家への暴力の集中、民主主義と人権思想、個人主義化、産業化・工業化などが「前近代」から「近代」を画する指標として挙げられる。現在、人びとが「自然」であると思いこんでいる現象の多くは、近代になってはじめて生みだされたものである。現代を生きるわれわれがどれくらい、どのように「近代」の射程内に呪縛されているのか、どうすればそこから脱却できるのかという問題は、社会学の主要なテーマの一つである。

免許などいらない、いわば民間のボランティアでした。

それにたいして近代の学校は、国家が整えたひとつの制度です。学校に通うことが義務とされ、子どもの数に見合うだけの教室が建てられ、そこに配置するための何十万という教師集団が師範学校で養成され、国定の教科書を使い、おなじようなセッティングで授業が行なわれる、そういうシステムが整えられました。そして、そこを通過することで人間がある規格にはめられ標準化される——それを最近は「国民化」(2)といいますが、生まれも環境もばらばらな人間を、均質な日本国民に仕立てあげていく事業が行なわれました。

おなじような国民化の装置として、国民皆兵による軍隊をあげることができますが、この二つはともに、従順な身体をつくる装置だということができます。全員がまえを向いて一人の人の話をみじろぎもせず聞く身体を小学校の一年生から叩きこみ、「気をつけ、休め、右向け右」や分列行進など、日常ではありえない身体へ馴致《じゅんち》し、集団のなかでのひとつの単位へと標準化してゆく点で、学校と軍隊はパラレルでした。

もう一つ、近代の学校は、どのレベルまでの学校を卒業しているかという学歴が人間のラベルになり、かつての士農工商のような身分制秩序にかわる選別原理になったことです。戦前のような複線教育では、そのことがいっそうハッキリしています。小学校を終えたところで振り分けられて、中学校へ行く人とそうでない大多数の人とにハッキリ分かれました。

また、旧制の高等学校と旧制の大学とは定員がおなじで、高等学校以上は大学へ進学するのが当然視された超エリートとして、支配層をになうための教育を受けました。学校制度が身分制にかわる階層の選別原理となったのです。ただ、その選別原理が経済力とパラレルになっていて、お金のある人しか上級学校へ進めないということは、公然の事実でした。

業績原理は機会均等で公平か

学校という空間が「近代」的だというのは、国民化の装置だったということばかりを指すのではありません。学校のなかに流れているイデオロギーが、まさに近代のイデオロギーそのものなのです。

(2)　国民化
「国民」とは国民国家に固有の概念であり、国民国家の成立にともなって創出された。国民国家は、領域の内に対しては階級対立や文化的差異を「国民」という名称に溶かしこんで隠蔽し、均質で平等な「想像の共同体」(ベネディクト・アンダーソン)を立ち上げる。このとき成員は「国民」に「なる」ために規律化されるが、これが「国民化」である。学校は「国民化」の装置として重要な役割を果たしている。

学校という空間は業績原理、つまり「やればできる」という価値が一元的に支配しているところです。この業績原理も尺度は一元的で、成績、すなわち点数というもので決まっています。門地や身分という帰属原理とは異なる業績原理、つまり点数が採用されたので、「だれでもやればできる」というルートが開かれました。学校が、下層からエリートを選抜するためのバイパスになったわけです。学校は近代日本の建設に下層エリートの力量を動員するための巧妙な装置になり、同時に下層の人びとの不満を解消して、国家の安定をもたらすためにひじょうに有効に働きました。

戦後になってこれが急速に大衆化し、がんばり競争におけるタテマエ平等イデオロギーが人びとに浸透していきます。戦前だと、中学校より上級へ行くのは地主の惣領《そうりょう》とか、造り酒屋の若だんなの息子というように、進学と階層が結びついていてだれもそれを不合理だと疑わなかったのですが、戦後にそれが大衆化すると、「分不相応」な人も進学しようと考えるようになります。

タテマエ平等の世界ですから、いまさら競争に参加するかしないかという選択肢など成り立たなくなって、競争に参加することがあたりまえだと思われ、みんないっせいに横並びの競争にはいっていきました。同時に、競争でがんばれば上まで行けるという幻想を、みんなが持たされるようになります。

この背後にあるのは、業績競争は公正・公平で機会均等なものだという信念です。機会均等な競争では、よーいドンで同じところからスタートして、がんばった人は勝ち、怠けた人は負ける、と思われています。この優勝劣敗の原理にしたがって、「自分はがんばったから合格できたのだ」と思ってきたのが東大生です。

東大生のなかにも引きこもり(3)とか不登校(4)になる子がいますが、そういう子を見ると、「やればできる」という信念の内面化が、逆のかたちでありありと見てとれます。いまは引きこもって落ちこぼれになっているけれど、それはやる気にならないからで、自分はやりさえすればできるんだ、そういう能力があるんだ、という根拠のない信念が、彼らのプライドをぎりぎりのところで支えています。そういう価値観を内面化した子どもたちが勝ち抜き戦に勝ち抜いて、東京大学に来ているわけです。

(3) 引きこもり
一九九〇年代に社会的に注目されるようになった現象で、家族とのつきあいも避けて自宅に数か月から十数年も閉じこもる行動。もとは不登校の児童・生徒について言及されていたが、しだいに長期化し、現在では義務教育年齢を超えた二〇代・三〇代の若者について指摘されることが多い。全国に約一四〇万人いるという推計もあり、新しい社会問題としてしばしば話題になっている。斎藤環『社会的ひきこもり』(PHP新書・一九九八)が参考になる。

(4) 不登校
文部科学省の調査によれば、一九九九年には不登校で三〇日以上学校を欠席した中学生・高校生は一三万人を超える。近年、大学生の不登校が問題視されている。

しかし、競争が平等に開かれているというのはあくまでもタテマエであって、タテマエがタテマエどおりになっていないということは、さまざまな研究から明らかになっています。たとえば、アメリカでのIQ(知能指数)(5)をめぐる研究の蓄積がそれです。IQは生得的なものだと考えられていましたから、人種や門地にかかわらず高いIQの天才を見つけだして人的資源をとことん活性化しようと、戦後アメリカは知能テストにひじょうに力を入れていた時期があります。

ところが、知能テストの研究者や心理学者がすぐさま気がついたのは、IQは生得的なものではないということでした。IQが高い子どもは、IQを高くするような環境にいる。知的訓練とか知的な関心が日常的に価値をもつような生育環境に恵まれた子どもたちが、結果としてIQが高い、ということに気がついたのです。

もうひとつ、アメリカ社会にはとてつもないタテマエ平等イデオロギー――だれでも努力しだいでアメリカン・ドリームをつかめる、というものが背後にあるのですが、行動主義心理学者(6)にワトソンという人がいて、「私に十人の子どもを与えよ、犯罪者にも大統領にも学者にもしてみよう」という主旨のことを言っています。

行動主義とは人間の心は白紙状態で、そこに刺激を与えると反応が出てくるという刺激-反応理論です。だから知能が高くなるような刺激や教育を与えれば、だれだって高い能力の人間になるという理屈で、これが戦後一時期、大流行したのです。ところが、

IQと経済的な階層が対応していることが証明されると、教育の上での行動主義が成り立たなくなってしまいました。

これは日本でもハッキリしていて、日本の大学の偏差値序列と学生の出身家庭の年収の序列とがみごとに一致するという相関が、現実に確められています。東大生の出身家

(5) IQ
知能検査の結果の表示法。知能発達の程度を、暦年齢と精神年齢の差によって測る。一六歳以上の人に対しては、知能の程度を同一年齢集団の平均からの差によって測るDIQ（偏差知能指数）が用いられることもある。最初、ドイツのシュテルンによって提案され、その後アメリカのターマンが標準化し一般に普及した。ターマンはIQは生得的で生涯不変であり、その出現率は一〇〇を中心とした正規分布をなすと主張していたが、その後、多くの研究がこれを反証した。
(6) 行動主義心理学
ワトソン（一八七八～一九五八）やマクドゥーガル（一八七一～一九三八）によって、一九一〇年代に提案されて一世を風靡した学派。彼らは、意識を対象とする従来の内観心理学に反対し、物理学のように客観的な観察と実験に耐える心理学を目指して、人間の行動に注目する心理学を主張した。彼らによれば、すべての生物体の心的現象は、外界の刺激に対して反応行動を生む一種の生理的・物理的行動であり、心的現象は刺激と反応の関数で表わすことができる。この立場はアメリカ心理学の主流となるが、やがて人間の行動をたんに受動的・物理的反応とみる点に疑問が呈され、トールマン（一八八六～一九五九）やハル（一八八四～一九五二）によって人間の能動性を加味した「新行動主義」が生みだされるに至る。

庭の平均年収は八百万円、女子学生にかぎると一千万円という数字があります。フランスの社会学者、ピエール・ブルデュー(7)という人は、学歴と階層とにふかい関連があって、学歴資源が階層の再生産にひじょうに大きな役割を果たしていることをあきらかにしました。高い学歴を持っている人が上層階層を形成し、その子弟がまた高い学歴を身につける傾向があります。

このような傾向はこの先、ＩＴ革命のような「情報資本主義」(8)といわれる資本主義の新段階になると、ますます顕著になるでしょう。ＩＴリテラシー(9)、すなわちＩＴに通じているかどうかで差がつくでしょうし、またネットサーフィンをやろうと思ったら、語学力抜きではとてもやれません。日本語圏だけでネットサーフィンをやるのでは情報鎖国状態です。そうするとＩＴリテラシーと英語リテラシーというものとが結びついてくるので、その点でも学校の成績と階層――ＩＴや英語をふつうに使いこなすこととエリート階層との関係はますます密になりこそすれ、弱まる可能性はないでしょう。

学校では階級が再生産される

学校での競争はけっして白紙の状態で、公正・平等に行なわれているわけではない。はじめからゴールで差がつくようになっている。それなのに、なぜあたかも公正で公平な競争が、学校のなかでは行なわれているという錯覚が通用しているのでしょうか。そもそも学校とは、いったいなんなのでしょうか。

その問いに答えてさきほどのブルデューは、学校とはもともと階層差のある子どもたちをもとの階層に再生産するための、ふるい分けの装置だ、と言っています。

(7) ピエール・ブルデュー (Bourdieu, Pierre)
一九三〇〜二〇〇二。フランスの社会学者。訃報を報じた「ル・モンド」紙の見出しは「ブルデュー、闘う知識人」。その形容のとおりブルデューは文化を支配階級と被支配階級の闘争の場と見なし、そこに自覚的に参戦していく学者であった。代表作『再生産』(パスロンとの共著、一九七〇)では、経済資本と並ぶ「文化資本」の概念を唱え、学校教育が平等化をもたらすどころか、階層を再生産する役割を果たしていることを明らかにした。この他にも「ハビトゥス」や「象徴闘争」など、多くの概念装置を創出し、社会学に大きな影響を与えた。ほかに『ディスタンクシオン』(一九七九)など著作多数。

(8) 情報資本主義
一一九ページ注3参照。

(9) ITリテラシー
リテラシーとは本来、読み書き能力のことであるが、転じて「〇〇リテラシー」というときには、「〇〇」を適切に使いこなす能力を指す。日本では二〇〇一年にIT基本法が施行され、全国民が平等にネットワークを利用できる社会をめざしているが、はたしてITリテラシーは平等に獲得されるのだろうか、それともさらなる階層化に利用されるのだろうか。

学校では公正で平等な競争が行なわれていて、だれだってがんばれば上にいけるが、がんばらなければ下になる、努力と結果が比例する優勝劣敗の原理が貫徹されていると思われています。だから学校ほど「がんばる」という言葉が多用される場所もないでしょう。しかし、学校での成績と社会的な階層とは密接に関連していて、上の階層の出身者は成績上位に、下の階層の出身者は成績の下位に、それぞれ落ち着く傾向があり、本人の努力とは言いきれないほどの関連性があります。東大生と出身家庭の年収の関連などがよい例でしょう。

そして学歴社会では、学校での成績によって社会に出てからの処遇が決まり、地位や給料というかたちで階層差が生じます。上の階層の出身者は学校での成績もよかったので、社会に出てからも上の階層になる。下の階層の出身者も結局、下の階層に収まる。この再生産のカラクリが、学校を通過することで正統化されるのです。

たとえば下の階層から言わせれば、「やっぱりあいつは偉いよな、学校で成績がよかったから」「やっぱりあいつよりオレの給料が低いのはしようがないよな。オレはがんばらなかったのだから」と、学校での成績を理由に自分で自分の現実を納得することになります。これがキャリアとノンキャリ⑽の差です。キャリアとノンキャリの差は身分差と言うしかないものですが、その身分差が学校という装置をくぐることで本人にも納得され、社会的にも正当化されるのです。

このことを実証したもっとも有名な研究に、ポール・ウィリス(11)という人の『ハマータウンの野郎ども』という本があります。これは名著であり訳も名訳でありながら一時期、絶版になっていたのですが、ちくま学芸文庫の一冊として一九九六年に復刊されました。私は学生に指定文献で読ませたことがあります。二〇〇〇年にウィリスが日本に来たおりには、私のゼミに参加してもらい、東大で講演もしていただきました。日本でどこへ行きたいかと聞いたところ、ディズニーランドへ行きたいというので、いっし

(10)　キャリアとノンキャリ
公務員はキャリアとノンキャリ(ノンキャリアの略)の二つのグループに分かれている。キャリアとは、国家公務員試験一種(かつての上級甲)に合格し、本省に採用された者を指す。彼・彼女らは幹部候補生として出世コースに乗ることができる。それ以外のルートで採用された者がノンキャリであり、彼・彼女らは課長以上に昇進する可能性がほとんどない。民間企業で言えば、総合職と一般職に相当するような制度。ちなみに、東大法学部では「普通」の学生は司法試験(シホウ)あるいは国家公務員一種(コクイチ)を目指すことになっており、外部者から見ると異様な雰囲気である。

(11)　ポール・ウィリス(Willis, Paul)
現代イギリスの社会学者。代表作『ハマータウンの野郎ども』(一九七七)は、労働者階級の男子学生(野郎ども)についての克明なエスノグラフィーであり、一九七〇年代のカルチュラル・スタディーズの先駆けとなった。ウィリスはこの著作で、野郎どもの反学校的な文化が、性差別と人種差別を契機として、すすんで条件の悪い肉体労働を選びとるという階級再生産の機能をも果たしていることを明らかにした。

ょに行ったことがあります。資本主義社会におけるユース・カルチャーを研究するんだと言っていましたが、ただの口実でしょう。八歳の息子を同行していましたから。

ウィリスはどういう研究をしたか。

労働者階級の子どもたちのうち、学校の成績が良くて教師の言うことにおとなしく従う子、これを「耳穴っ子」といいます。従順でおとなしく、教師の価値を内面化し、みずから模範的にふるまい、上級学校の進学をねらい、親の学歴より上昇して自分の出身階層から脱け出そうとしている、学校的価値を身につけた、教師にとってもっとも扱いやすい子どもたちです。

ところが、成績の悪い子どもたちには進学の可能性も教師のめでたい覚えもありませんから、そんな子たちが集まって自分たちの「マッチョ」な下位文化(12)をつくります。男らしさと暴力性を標榜し、「耳穴っ子」といわれるおとなしい子どもたちを臆病者と罵り、蔑視し、女の子をセックスの道具として扱い、男性性を誇りながら、最終的にはみずからすすんで劣悪な労働条件のもとに、自分たちの父親と同じ階層のなかへはいっていくのです。

ウィリスはここで階級の再生産が、当事者の自己選択によっていかに主体的になされるかという、じつに目からウロコが落ちるような分析をやってのけました。

敗者に現実をどう納得させるか

なぜ学校が、このような階層再生産のための装置として働かなければならないのか。これは民主主義の社会がもっているある種のジレンマだといえます。自由・平等の民主主義の社会とは、じつはまったく平等な社会というわけではありません。人間の社会は実際にはそれぞれ異なる処遇と異なる権力を付与された人びとから成り立っています。だから人はみな平等のタテマエにもかかわらず、他人が自分よりも優位な立場にあるということ、支配的な立場にあるということを、下位にいる人間にみ

(12) 下位文化

サブカルチャー。ある社会の一部を構成する人びとによって担われた、特有の行動様式や価値基準によって特徴づけられる文化。ただし、その社会における支配的文化とは明確に異なる価値基準を持ち、支配的文化に異議を申し立てる対抗文化（カウンターカルチャー）とは違い、下位文化はその名のとおり支配的文化の下位に位置づけられる。アメリカでは一九五〇年代後半、青年期の逸脱の研究で用いられ、その後六〇年代には若者文化を指す言葉として定着した。一方、イギリスのカルチュラル・スタディーズ研究者はサブカルチャーを主要な研究対象とし、サブカルチャーが支配的文化を補完的に再生産する側面と、さまざまな象徴的抵抗を行なう側面の両義性に注目している。

ずから合意してもらわなければなりません。みずから合意すれば、服従させるコストが安くてすみます。これが近代というもの、民主主義というもののしかけです。もし合意がなければ、服従を求めるためには脅し・暴力・締めつけ……と、とても高いコストを支払わなければなりません。

これは学校の教師がいつもやっていることです。校則などを「みんなでいっしょに決めたのだから守ろうね」と言いますが、そのじつ教師が勝手につくった規則へ生徒の服従を調達するやり口です。これとおなじで、みんなで決めた競争によーいドンで平等にはいったのだから（平等でないことはとっくにバレているのですが）、シビアな結果が出ても、「やっぱりオレは努力しなかったからこうなんだ」と受けいれようよね、というわけです。

このシビアな結果を正当化するイデオロギーが業績原理であり、優勝劣敗の原則です。自由・平等・博愛の民主主義のタテマエと現実とのあいだのズレは、こういうしかけがないと、とてもじゃないが埋まりません。

こうした、いわば民主主義の背理とでもいうメカニズムに早くから気がついていた人がいました。十九世紀はじめのフランスの貴族で、アレクシス・ド・トックヴィル(13)という人です。彼は建国まもない若い国家であるアメリカを旅行しました。当時、アメリカは建国期の熱気のなかで、「だれだってやればできる」という、いわばアメリカン・ドリームのもと、すべての人びとを国民化する総動員体制が働いていました。

そのときトックヴィルは、自国のフランス革命でかかげられた自由・平等の理念が、実際の国づくりにタテマエどおりに運用されたときどうなるかをつぶさに観察して、こう考えました。

アメリカは大きなジレンマを抱えている。自由・平等をかかげる民主主義の社会は、競争の敗者が抱く「なんであいつばかりがいい目に遭うんだ、なんでオレはこんなに不遇なんだ」という恨みの感情にたいして、敗者が敗者であることをみずから納得してもらい、優勝劣敗の現実にたいする敗者のがわからの合意を調達することにコストを支払わなければならないだろう——と。それは「先見の明」というものでした。

トックヴィルは貴族だから、自分が特権をもっていることを正当化しなくていい。階級社会では、余は貴族なり、ゆえに支配す、でいいのです。しかし民主主義の社会では、私があなたの上に立つということを相手に納得してもらわなければならない。下位の人

(13) アレクシス・ド・トックヴィル (Alexis de Tocqueville) 一八〇五～五九。フランスの貴族出身の政治家、著述家。七月革命直後の一八三一年に行政制度の視察のためにアメリカに赴き、帰国後『アメリカの民主主義』(一八三五、四〇) を著す。アメリカの民主主義社会を制度面のみならず文化的側面にまで切り込んで分析したこの著作は、当時の論壇に大反響を呼んだだけでなく、後の大衆社会論にも大きな影響を与えた。

の同意の調達が必要だ。それでも同意できない人には恨みがたまる。これをルサンチマンといいますが、敗者のルサンチマンをどう処理するかが、民主主義社会のこれからの宿痾《しゅくあ》であると予言したわけです。このトックヴィルの先見性にくらべると、ブルデューが言ったことはいまさらという感なきにしもあらずです。

優等生のがわにある不安

こういう自由競争の原理のもとで、敗者のルサンチマンをどう処理するかが民主主義社会の最初からの課題だったとすると、たしかにこれまでの教育社会学や若者文化論では、学校社会のなかで逸脱したり落ちこぼれたり、学校的価値にうまく乗れなかった子どもたちを問題にしてきました。たしかにそういう子どもたちは、反抗したり、不満をもったり、反社会的行為をしてきたから「問題児」だったわけです。

ところで、私はいつも思うのですが、では競争に勝ったほうに問題はないのか。そんなことはけっしてありません。私が受けとっている東京大学の学生は偏差値勝者ですが、彼らはいちじるしい不安を自分の内側に抱えこんでいます。それは何かというと、この一回の競争では勝てたけれども、つぎの競争で勝ちつづけることができる保証はない、という「勝者の不安」です。

たとえば、子どもたちが学校でいい成績を取ってくる。たまに百点満点を取ってくる。うれしくて母親に見せる「お母さん、ぼく百点取ったよ」。すると母親はなんと言うか。「そう、よかったわねえ。つぎも百点取ってくるのよ」。今回は取れたかもしれないけれども次回にとれる保証はないのに、勝者になったとたんに勝者でありつづけることへの恐ろしいプレッシャーと不安が、本人にのしかかってきます。

優勝劣敗主義は、「敗者の不満」とともに「勝者の不安」を生みだします。低偏差値の集団にも高偏差値の集団にも、両方ともにきわめて強いストレス負荷をかけるシステムなのです。

私のエッセー集『ミッドナイトコール』(14)の第一話は、「優等生の不安」というテーマでした。優等生だった私は、学校的価値を内面化したばっかりに、さまざまな問題群を心身ともに抱えこみ、自分がほんとうはなにをしたいのかがわからなくなった……。

学校的価値にのっとったうまいふるまいができなければ、そのことに傷ついて評価さ

(14) ミッドナイトコール
朝日新聞社、一九九〇年／朝日文庫、一九九三年。朝日新聞に連載のエッセーをまとめた本。第一話によれば上野は、このエッセーでは「媚びない文章」を、すなわち「わたしの好きな答」を書くことに決めた、という。「素顔」の上野千鶴子を知りたいかたは、ご一読あれ。

れることを忌避し、正業恐怖とか退却神経症とか、不登校とかになるけれど、優等生は幸か不幸か言われたことを期待に応じてやれてしまううえに、なにをやらせても水準以上の達成を示す器用さを持っています。たいがいの優等生はそうなのです。そして、やれてしまうと、それなりに達成感はあるし、頭をなでてもらえるし……、でも、それが自分がほんとうにやりたかったことかどうかがわからなくなってしまう。

優等生でもまれに、「好きなことやっていいんだよ」と言われて、そこで自分の好きなことがわからなかったりやりたいことがなにもなかったことに気がついて鬱状態になる、ということがあるけれど、人に言われたことをやりつづけて一生をすごす人はいくらでもいます。役割をちゃんと果たす官僚とか、家事・育児にすぐれた主婦とか。人間の社会は、役割と期待の網の目でできているから、そのことに疑問をもたずにすむ人はいくらでもいます。

人に言われたことが期待水準どおりにできてしまうというのは、親や教師の期待や要求を読みとる能力に長《た》けているということでもあります。教師には無能な人が多いから、自分がなにを要求しているのか自分でもわからないで、漠然と生徒に網を投げることだってある。それを網を投げた当人よりももっとよくツボをこころえて、「先生、あなたのほしかったのはこれでしょ」と差し出してあげることまでやってのけてしまう能力が優等生にはある。

「優等生の不安」にも書きましたが、そのことをつくづく感じたのは、シンクタンクの研究員のアルバイトをやったときでした。頭の悪いクライアント(15)に、「あなたがほんとうにほしかったのはこれでしょ」と言ってツボにはめてあげる。報告書を見たときにクライアントが、「ああ、これが私がほしかったもの」と言えるものを差し出す能力。金と権力をもっているのは向こうですから、これをやらないとシンクタンクの研究員は務まらないのです。

私はこの仕事をやったときに、「これ、高校までずっとやってきたことと似ている」と思いました。たとえば論述式のテスト問題がある。教師の求めている解答はこれだろうと思って答えを書く。すると教師は私の書いたものを模範解答にするのです。それで得意になったり楽しいかというと、私はぜんぜん楽しくない。だから教師をバカにもするし、ハスに構えるし、ちょろいもんだと思ってしまう。

しかし、そうやって人の期待を読みとることばかりやっていると、自分にとってなに

(15) クライアント
顧客、注文主のこと。ちなみにカウンセリングでも、治療を求めてくる人を「患者」ではなく「クライアント」と呼ぶことがある。上野は『ミッドナイトコール』で、シンクタンクのクライアントもカウンセリングのクライアントも、客観的な「正解」を求めているのではなく、自分が言ってほしいことを求めている点では同じだ、ということに触れている。

が意味があるのかとか、自分の好きなことはなにかとか、自分の人生にとって、なにがどういう優先度があるかということが、わからなくなってくるのです。それを「優等生シンドローム」と言います。ある種のロボット化です。これをロボット化と名づけたのは、精神科医の斎藤学(16)さんです。

私は東大の学生を見ていてつくづく思うことがあります。あるときふっと気づいて、「これは自分のやりたいことではない」「私はこれ以上とてもやりつづけられない」と立ち止まった子どもたちが、不登校や摂食障害(17)、逸脱行動というかたちでそれを訴えるのだとすると、いまの学校社会のなかでそういうことを感じずにすんだ子どもたちだけが、東大に来ているのだな、と。

人の期待にこたえれば人が褒めてくれる。まじめな人は、褒めてくれる人をどんどん替えながら、一生を過ごすのでしょう。しかし、教師でも親でも、頭をなでてくれる人は、みんな自分よりもさきに死んで、最後は自分しかいなくなります。

私のところにいろいろな学生が、身の上相談、身の下相談に来ますが、あるとき女子学生が来て、「私は母親に隠しごとをしたことがない」と言うのです。寮にいるのだけど、寮のまわりの子たちのだらしなさがどうしてもがまんできなくて、つい口喧《やかま》しく言ってまわりの友だちから嫌われてしまう。そのとき、がみがみ言いながら、自分でもときどきドキッとするのだけれど、母親が自分のからだを借りてしゃべっているという気がする。お母さんならこういうところを見たらこう言うだろう、というおなじふるまいをしている、と。

その子は自分が、お母さんが自分のなかにはいって操作をしているロボットになったような気がする、と言って私のところにきました。ロボットのような気がすると私に言ったときに、すでにその子はその事態に違和感を表明しています。違和感を表明したときから彼女の「私」が始まっている。これはりっぱなことです。たいがいの女の子は、性に目覚めるころから親に隠しごとを持ちます。その子は親に隠したいほどの経験も、まだもっていなかったのだと思います。なにも隠しごとをしたことがないと言う彼女に、まず手始めになんでもいいから親に隠しごとをしてごらん、と私は勧めました。

(16) 斎藤学（さいとう・さとる）
一九四一年生まれ。家族機能研究所代表、医学博士。過食・拒食症、アルコール・薬物・ギャンブルなどの嗜癖（アディクション）と、それを生みだす原因である家族の問題に長年取り組む。「アダルト・チルドレン」ブームの火つけ役の一人。多くのセルフヘルプ・グループを設立・支援する活動を行なっている。著作は『アダルト・チルドレンと家族』（学陽書房・一九九八）、『封印された叫び』（講談社・一九九九）など多数。

(17) 摂食障害
一〇三ページ注18参照。

学校的価値におおわれた社会

上位者を上位へ、下位者を下位へ再生産するカラクリのなかで、学校はなにをやってきたかというと、学校的価値を再生産してきました。

学校的価値とは、明日のために今日のがまんをするという「未来志向」と「ガンバリズム」、そして「偏差値一元主義」です、だから学校はつまらないところです。いまを楽しむのではなく、つねに現在を未来のための手段とし、すべてを偏差値一本で評価することを学習するのが学校なのですから。

その学校的価値が学校空間からあふれ出し、にじみ出し、それ以外の社会にも浸透していった。これを「学校化社会」(18)と言います。学校化社会という用語はもともとはイヴァン・イリイチ(19)の言葉ですが、最近は別な文脈で流通しています。それというのも、宮台真司(20)さんが学校化社会という用語を使っているからですが、私はこれを卓抜なネーミングだと思います。

偏差値一元尺度という学校的価値が、学校からあふれて外ににじみ出て、その結果、この一元尺度による偏差値身分制とでもいうものが出現してきています。この不況下で、いかに企業の人事担当者が「個性ある人材を」と言おうが、彼らが口で言っていることと現実にやっていることとの落差が、はっきりとそれがウソだということを証明しています。就職戦線で駆けずりまわる男の子・女の子の、あの判で押したようなリクルートスーツを見てください。個性的な格好で、と言われてそれを真に受けてほんとうに個性的な格好で行ったら落とされるということを、彼らはよくよく知っています。

こういう実例があります。企業の説明会に行ったら、みんなリクルートスーツで来ていた。担当者が「きょうは暑いですねえ。気楽に上着でも脱いでください」と一言いっ

(18) 学校化社会
もともとは、イヴァン・イリイチが『脱学校の社会』(一九七〇)で指摘した現代社会の特徴。学校がその本来の役割を越えて、過剰な影響力を持つにいたった社会のこと。しかし現代日本では、学校的価値が社会の全領域に浸透した社会という、宮台真司が広めた定義のほうが有名である。

(19) イヴァン・イリイチ (Illich, Ivan)
一九二六年ウィーン生まれ。アメリカ国籍の思想家。カトリック宣教師としてアメリカ、メキシコに渡るが、ローマ・カトリックと対立し聖職を捨てる。メキシコのクエルナバカに国際文化資料センターを創設。近代産業社会を、人間からサブシスタンス(自給自足的な生活)とヴァナキュラーな文化(その土地固有の文化)を奪うものとして激しく批判、「シャドウ・ワーク」(影の労働)などの重要な概念を提出し、社会学に大きな影響を与えた。ただし、彼が『ジェンダー　男と女の世界』(一九八二)で提出した概念「ヴァナキュラー・ジェンダー」は、フェミニストから鋭い批判を受けた。主著『脱学校の社会』(一九七〇)、『シャドウ・ワーク』(一九八一)。

た。ごそごそと上着を脱ぐ人たちがいた。そうしたら「いま脱いだ人、出ていくように」。その時点からすでにふるい分けは始まっているのです。企業社会というのはこのくらい、同調性というか協調性を評価基準にしているところであることを、彼らはよくわきまえているから、リクルートスーツを着つづけるのです。

悪名高い指定校制という言葉は、最近では使われなくなりました。あまりに公然と流通しているために、もはやだれも言わなくなったのです。大学名を言っただけで違う待合室に通されるということを、みんな知っています。偏差値序列ではっきり輪切りになっている。これが現在の学校化社会の実情です。

企業の人事が変われば大学も変わることが可能だとは思うのですが、もちろん企業だけが悪いと言って大学側の責任を免責しているわけではありません。「東京大学などにいるおまえは、受験戦争のA級戦犯ではないか」と言われれば確かにそうにはちがいありませんが、私ひとりの力では入試制度は変えられません。企業の選抜基準が少しも変わっていないことも、不況でそれが強化されていることも確かです。

偏差値を自己評価にする若者たち

偏差値身分制を内面化するということは、自己評価の評価軸が学校的価値とおなじになるということです。だから女の子や偏差値の低い男の子たちは二言めには、「どうせオレらは」「しょせん私は」と言うのです。

生まれたときから「どうせ」「しょせん」と言う赤ん坊はいません。「どうせ」と「しょせん」は、どこかで学習した結果です。大人に言われつづけ、それを取りこみ、自己評価に代える。序列意識を叩きこまれ、自分の相対的なランク――上見りゃなんぼ、下見りゃなんぼ、という相対的なポジショニングを、これでもかこれでもかと叩きこまれ

(20) 宮台真司（みやだい・しんじ）
一九五九年生まれ。首都大学東京教授、社会学者。『権力の予期理論』（勁草書房・一九八九）で、社会システム理論家として高い評価を得ていたが、九三年、朝日新聞紙上のいわゆる「ブルセラ論争」をきっかけに一般にも注目を集める（ブルセラとは、使用済みのブルマ・セーラー服・下着などを売る「ブルセラ・ショップ」のこと。女子中高生が下着などを売ることの是非について論争となった）。その後『サブカルチャー神話解体』（共著、PARCO出版・一九九三／ちくま文庫。二〇〇七年刊のこの文庫は増補新版で、上野が「解説」を書いている）、『制服少女たちの選択』（朝日新聞社・一九九四／朝日文庫）、『終わりなき日常を生きろ』（筑摩書房・一九九五／ちくま文庫）をつぎつぎに上梓。オタクから援交少女（援助交際をする少女、八五ページ注6を参照）まで幅広く若者文化を調査し、現代社会は「成熟社会」へと向かいつつある不透明な社会であると主張する。現在の日本でもっとも有名な社会学者の一人であり、若者層を中心にカリスマ的支持を得ている。上野ゼミにもときどき「宮台さんみたいな研究がしたい」という若い学生が現われる。

てきて、それが自分の自己評価にとって代わっています。だから「やりたいことをやってごらん」と言うと、「どうせオレらは」「しょせん私なんか」とこたえる。これを「人間の学校化」と言うのです。

逆に東大の学生サンは、偏差値が高いだけのふつうの子です。素直だし、ひねくれてもいないし、生活経験は少ないし、幼児的だし、突飛なところもエキセントリックなところもユニークなところもオリジナルなところもなんにもない、ふつうの子。そのふつうの子が、「へえ、すごい、偏差値そんなに高いんだ」などと言われて、自分を特別な人間だとカン違いしているだけです。そのカン違いがどこからきているかというと、これも他者の価値判断を取りこんでいるだけです。

ただ、少し屈折していてアンビバレンツなのは、自分ではこんなふうに特別扱いされることをイヤだと思っていて、そのくせ特別扱いのなかにある特権は一方で享受しながら、それにたいする不安もあるということです。だから、逆に自分の卓越性を表わそうとしたら、自分は特別なことができる特別な存在だというよりも、ふつうの人間なんだけど特別なこともできるんだ、というほうがカッコいい。

東大の子たちは、たとえば自己紹介などの場で、自分がどんなに東大生らしく見えないかということをウリにする傾向があります。自意識過剰なだけでしょう。だから私は、東大生とは自分を特別な存在だとカン違いしているふつうの子たちで、自分がふつうであることを躍起になって証明したがっているふつうの子たちだ、と言っているのです。

学校化世代が親となり子育てへ

こうした偏差値一元主義の学校的価値のなかで育った子どもたちが、いま、世代を更新して親となっています。偏差値競争がすべての人びとを巻きこんだ、つまり高等教育の大衆化という事態が起こって学校的価値が社会に蔓延しはじめたのは高校全入運動(21)のころ、一九七〇年代以降のことかと思いますが、そのなかで育ってきた人びと――私は学校化世代と呼びたいと思うのですが――が、世代交替のサイクルにはいっています。

(21) 高校全入運動
一九六〇年代に起こった運動で、できるだけ多くの者に高等学校教育を受ける機会を与えることを目標とする。一九六〇年代は、第一次ベビーブーマーがちょうど高校に入学する年齢に達した時代である。運動側からは高等学校教育を義務化すべきであるという声も出たが、文部省は多様な選択の道を残すべきであるとし義務化の道はとらなかった。しかし、進学を希望する者はできるだけ多く受け入れるように努力した結果、一九七四年には進学率が一五歳人口全体の九〇パーセントを超え、進学を希望する者のほとんどが入学できる状態となった。

いまや家庭も地域もすでに崩壊し、子どもを評価するものは偏差値しかありません。親ですら学校でのできがよい子どもは愛するし、できの悪い子どもは、「こんな子は私の子どもじゃない」という条件つきの愛し方をする。

それ以前の時代は、学校的なできる・できないという価値観とはちがう価値観が親のがわに比較的はっきりあったために、教師の言うことと親の言うことがちがうのがあたりまえだったし、上級学校に進学する志向もいまほどは一元化されていませんでした。高度成長の余波で階層差が縮小してきたこともあるけれど、それが高校全入運動あたりから学校と家庭とのあいだにあった価値観のギャップがどんどん縮小し、家庭の価値が学校的価値に侵食され、学校的価値にもとづいて親が子どもを判定するという状況が生まれ、それがいまに続いています。

ある高学歴の母親が、自分のやった児童虐待(22)についてつぎのような告白をしていました。「赤ん坊に離乳食をやっていたとき、思わずカーッとして子どもを殴ったら、火がついたように泣きはじめて、そのあとで激しい自己嫌悪に陥った」と。

その母親はなぜそうしたかというと、「自分が丹精こめてつくった離乳食を、赤ん坊の口に入れたら『オエー』と吐き出した。私は小さいときからがんばってやってきたことで、人に受けいれてもらえなかったことはない。やればかならず褒められ、励まされ、受けいれられてきた。それが、いま自分がいちばんだいじだと思っている子どもから拒絶された。自分の努力を評価してもらえなかった。それでカーッと頭に血がのぼった」というのです。笑える人は笑ってください。学校化世代が母親になるということは、このような事態を指します。

この人はまじめで、がんばり屋の母親です。こういう率直な告白と自分の対象化ができる人です。彼女を受けいれ、励まし、評価してきた価値体系、つまり学校的価値以外の価値を知ることがなかったために、このような母親が子育てのなかで追いつめられていく恐ろしい現実を、私は学校化社会の果てに見てしまいます。

アダルト・チルドレン（ＡＣ）(23)と自認する人や虐待体験のさまざまな告白を見ると、学校的価値をそのまま家庭が踏襲していて、そのなかで子どもたちが条件づきで受けいれてもらっていることがわかります。「どんな子でもいい、ありのままにおまえを

(22)　児童虐待
親権者・保護者による、身体的暴行・性的暴行・心理的虐待・養育の拒否や放置（ネグレクト）。日本では二〇〇〇年に児童虐待防止法が成立したが、通報される事件はまだ氷山の一角であり、〇一年の厚生労働省の推計によれば、年間約三万件の児童虐待が発生しているという。また、全国の児童相談所の相談件数は年々増加しており、〇一年度は一万八八〇〇件あまりに上った。行政側では児童相談所や相談員を増設し、児童のＳＯＳをいち早く察知することに力を注いでいる。この後も相談件数は増え続け、〇六年度には約三万七三〇〇件となった。〇四年には「児童虐待の防止等に関する法律」、「児童福祉法」の改正を行っている。

受けいれよう」という無条件の愛などは、もはやどこにもなくなったように思えます。

でも、いまの発言は訂正しましょう。「もはや」という言い方は近代家族史(24)から言うと明らかな間違いで、子どもを無条件の愛で受けいれる家族など、昔も存在しなかったことでしょう。親は自分のつごうに合わせて、条件つきで子どもを愛してきましたし、子どもを所有物と考えて、売りとばす親もいました。歴史を見ると、子どもへの愛よりも親のエゴイズムのほうが強いという、ミもフタもない現実が浮かびあがってきます。

ただ、なにが違うかというと、昔は家庭には学校とは違う価値があった。「おまえはお父さんの言うことさえ聞いていればいいんや、学校の教師の言うことなんか聞くな。家には家の流儀があるんや」と強制する親がいました。学校とは違う価値、多元的価値というものが、地域や家庭やさまざまな場所に生きていました。

最近の子育て相談などで、「おばあちゃんがそばにいて大変困ります。私たちのせっかくのしつけをおばあちゃんが骨抜きにしてしまって、子どもを甘やかすので」というのにたいして回答者が、「大人どうし相談して同じしつけをしましょう」というのを聞くたびに、私は「そんなバカな」と虫酸《むしず》が走ります。

子どもというものは、自分の生存戦略を学んでいくものです。こちらが具合が悪ければ、あちらに逃げ道があると思っておばあちゃんのところへ行くのです。大人は一枚岩ではないのだ、いろいろな価値観があるのだ、親の言うことが絶対でも教師だけが正しいのでもない、教師のもとで居心地が悪ければ、用務員のおじさんのところや養護の先生のところへ行けば別の空間があるんだと、子どもたちは自分の生存戦略をみずから見

(23) アダルト・チルドレン
もとは「アルコール依存症の親を持つ家庭に生まれ、現在大人になった人」を指したが、現在では意味が拡大され、アルコール依存症の親を持つ子どもでなくても（仕事依存症やギャンブル依存症、摂食障害など）適用される。厳密に言うと「機能不全の家族に生まれ、暴力や虐待などによるトラウマを抱えたまま大人になった人」であり、過度に周囲の期待にこたえようとする態度などが特徴。ただしACは客観的な診断名ではなく、みずからがACであると自覚する人のための自己申告概念である。日本では一九九〇年代に相次いで関連本が出版され、また大ヒットアニメ『新世紀エヴァンゲリオン』（一九九五）がACの物語として若者の支持を得るなど、社会現象となった。

(24) 近代家族史
近代家族とは、(1)夫婦中心性、(2)子ども中心性、(3)家族の血縁的凝集性、を特徴とした家族のことである。このような家族形態はしばしば時代を超えた本質と思われがちであるが、フィリップ・アリエス（一九一四～八四）をはじめとするフランスのアナール学派が明らかにしたのは、この家族形態はじつは近代になってはじめて登場した歴史的なものであるということであった。たとえば、アリエスは『〈子ども〉の誕生』（一九六〇）において、無垢で守るべきものとしての「子どもらしさ」の概念は近代以降に生まれたもので、前近代には子どもは「小さい大人」にすぎなかったことを明らかにした。

出していく生き物です。

ところがそれを八方ふさがりにして、子どもの退路を断つことを、大人がよってたかってやっている。自分と違うことを言う大人が子どものまわりにいてやったほうがいいとは、大人は思わなくなってきている。いま流行《はや》りの学校と家庭と地域の「連携」などということも、私にはそのように映ります。

そういう現象を、学校化社会、学校的価値の一元化と呼ぶのですが、このような価値の一元化のもとでの優勝劣敗主義が、一方で敗者の不満、他方で勝者の不安という、負け組にも勝ち組にも大きなストレスを生むのだとしたら、このシステムのなかでは勝者になろうが敗者になろうが、だれもハッピーにはなっていません。

学校化社会とは、だれも幸せにしないシステムだということになります。

3 少女・母・OLたちの学校トラウマ

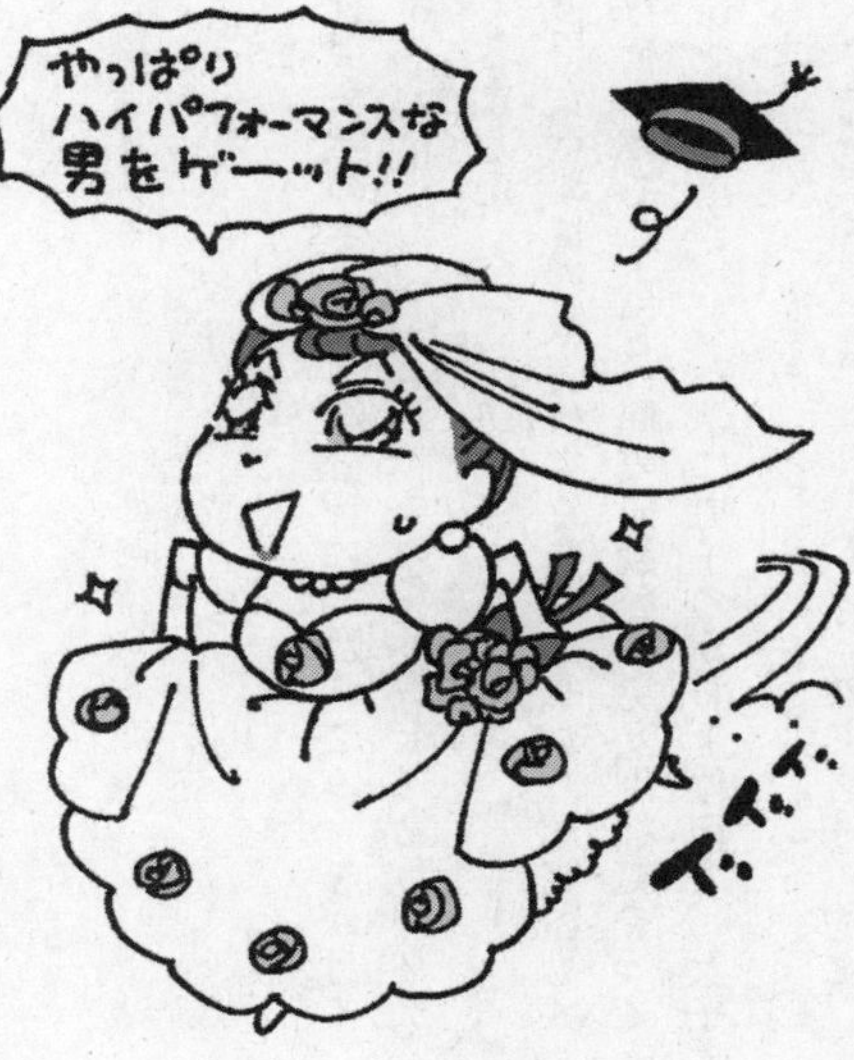
やっぱり
ハイパフォーマンスな
男をゲーット!!
ズィズィ…

「男女平等に！」では話がすまない

フェミニズムは、その誕生以来、社会科学のさまざまな分野に「殴りこみ」をかけてきましたが、教育学の分野でも「隠れたカリキュラム」(1)というものを発見し、タテマエと現実がずれていることを衝《つ》いてきました。

現在、タテマエのカリキュラムでは男女別の特性教育はなくなりました。家庭科も共修になり、男の子も女の子も同じ教育を受けています。偏差値競争は男女別枠でやっているわけではないし、期末試験の成績が貼り出されるときに男子のうち上位何人、女子のうち上位何人というような区分はしません。

だから東大の女子学生のなかには、「私は生まれてからこれまで、女性差別を経験したことなどただの一度もありません。男の子と伍してやってきました」と豪語する人がときどきいます。「そのうえ女の子に生まれてトクなことだらけです。男の子はちやほやしてくれるし、ディスコは割引料金だし」と。

しかし、そうは言っても、タテマエ平等の背後に隠れた不平等があるのは現実です。学校の校長はほとんどが男だし、小中高大と上にいくにしたがって教員の女性比率はどんどん減っていく。教師も生徒を相手に「どうせおまえ、女だから」と、日常的にセクハラ発言をしている。そもそも教員の日常生活が、いかに家庭生活をふくめて性差別に満ちているか。こんなことは枚挙にいとまがありません。

学校のなかで流通している業績原理はタテマエ上、男女不問です。平等のタテマエに現実が一致していないから、これをタテマエに一致させろ、あらゆる分野に男女の共同参画を、というかけ声が、いまや行政からも出る時代です。「学校をジェンダーフリーに」と、男女混合名簿を推進する教員のかたたちがいらっしゃいますが、名簿が男女混

（1）隠れたカリキュラム

フェミニズムは、学校教育が公式の定義されたカリキュラムだけでなく、非公式の隠れたカリキュラムもふくんでいることを発見した。この隠れたカリキュラムは、性別に沿ったステレオタイプを強化し性別分業を支えるようなメッセージを伝達している。たとえば、学校教育はタテマエでは男女平等の理念をうたっているが、教科書に出てくる男女のステレオタイプ、教師間の性差別、進路指導上の男子向け・女子向けコース、学級内での性差別などが隠れたカリキュラムとして機能している。

合でも性差別がいっこうになくなっていないのが、大学というところです。

そうはいっても学校以外の社会では、タテマエよりホンネが横行しています。偏差値さえ高ければ、学校のなかで性差別は受けませんが、社会の現実は甘くない。「私は男に伍してやってきた」という女子学生が目のまえに現れると、私は「いまに見てな、四年生になってアタマを打つから」という気持ちになります。女の子はいまの不況下でひじょうにきびしい性差別を受けていますから、遅かれ早かれ就職戦線で壁にぶつかるのです。

ところが、東大の女子学生はブランドで売れていきます。総合職(2)のポジションに就いて、これも苦もなくやりとげる。「いまに見てな、就職してからアタマを抱えて帰ってくるだろう」と思っていたらそうでもない。それで「いまに見てな、結婚して出産したら、きっと目が覚めるだろう」と先送りすることになりますが、これも結婚も出産もしなければ関係ないかもしれません。

学校とジェンダーというテーマでは、業績原理のイデオロギーは男女不問なのだから、タテマエに現実を一致させればこれで話は終わるのか？　だとすると、「では女性のみなさん、業績をあげてがんばりましょう」と締めくくって私の話もここで終わることになるのですが、じつはそうはならないということを、これから見ていきたいと思います。

学力を売るか、女を売るか

前章では、学校文化と階級というものが結びついていることをブルデューやウィリスの研究などを紹介してお話ししましたが、彼らの分析にジェンダーの視点がはいっていないということを、フェミニストがさんざんに批判しました。日本での学校文化研究にジェンダーの視点を入れるとどうなるか。木村涼子(3)さんのような若手の研究者たちが、研究を積みかさねてきました。

女子学生のなかの成績優秀者とそうでない子たちのあいだの違いを研究すると、それぞれのグループのカルチャーが見えてきます。

(2) 総合職
一〇五ページ注21参照。
(3) 木村涼子（きむら・りょうこ）
大阪女子大学准教授。ジェンダー論を取り入れた若手の教育社会学者の一人。「婦人雑誌の情報空間と女性大衆読者層の成立」（『思想』八一二号、一九九二年）などメディア論の領域でも活躍している。主著『学校文化とジェンダー』（勁草書房・一九九九）は、ジェンダーだけでなく階層変数をも取り入れて学校文化のなかの少女たちを分析しており、教育社会学にとどまらず文化研究としても優れた著作である。

成績の優秀な女の子たちは業績原理に同一化し、「女の私だってやればできる、やれば認めてもらえる、男の子といっしょに競争もできる」と考え、上級学校への進学を目指します。彼女たちは自分の成績への影響が心配だから、みずから自己規制をし、性的な行動も抑制し、先生にとってはティーチャーズ・ペットになる女の子たちです。

もう一方で、成績のよくない女の子たちのあいだでは、業績でみずからの人生を切り開くオプションが早い時期に閉ざされます。彼女たちに残された生存戦略のための資源は、セクシュアリティと女性性です。したがって、そこでは過度に女性性に磨きをかけ、自分がもてることで、成績の優秀な、もてないまじめでブスな女の子たちを差別化し、一刻も早く大人の女らしくなって男を手玉にとる、あるいは男に自分を高く売りつけようとします。女性性の価値を内面化し強調していくことによって、逆説的に男性性に利用されやすい女性性を、みずから主体的に獲得していくのです。

「敗者の不満、勝者の不安」を強いる学校という大変に困ったシステムのなかで、このストレスが男女にどうかかるかというジェンダー差を見てみると、男の子は競争から逃げられない。しかし、女の子はそれから逃げる口実をジェンダー規範が与えてくれています。「どうせ女だから、やっぱり男の人には勝てないわ。女の幸せは結婚よ」と言いながら、競争から降りることを正当化し、降りることを後押ししさえするような力が働いています。

今日でも、女の子のなかに家庭願望とか専業主婦志向が強いことが報告されていますが、私はそれを女の子の保守化だとは単純に見ていません。そうではなく、偏差値競争というきびしい競争社会から降りたい女の子たちに、いわばジェンダーのボキャブラリーが正当性を与えているのだろうと見ています。これもまた競争社会のある種の副産物だと言えます。

私のゼミの番外編で学生たちが、「現代の若者の身体観」という調査プロジェクトに取り組んだことがあります。東大の男子学生と東大の女子学生、それに聖心女子大の女子学生の三つの対象をサンプルに選んで、インタビューにもとづいてそれぞれの身体観を探ったのです。すると、いろいろおもしろいことがわかりました。

東大の男の子(4)は、自分の肉体にコンプレックスを持っており、できればそれを克服するような手段を講じたいと思っているにもかかわらず、それを他者に公言することをはばかっており、また、講じたいという希望があることをみずから認めることをためらって

(4) 東大の男の子
東大の体育会系諸部のなかで意外に「強剛」なのが、ボディビル部である。肉体へのコンプレックスをあられもなく行動への起爆剤にできた者たちが、受験勉強に励んだ精力をこんどはバーベルに向けるが、他の男子学生は彼らにアンビバレンツな視線を向けるのである。

らっている。したがって、肉体の価値を軽んずるようなことを口では言うことがわかりました。

それから、東大の女の子たちも、化粧や女性性の価値より、自分は業績で勝負ができると考えています。

ところが、これが聖心女子大にいくとガラッと変わります。聖心の女の子たちには経済階層（「お嬢さま」学校）という資源はありますが、偏差値という資源はあまりありません。かわりにあるのは、エステとファッションとコスメ⑸にたいする強い関心です。彼女たちからは、「男なんてどうせ外見で騙されるんでしょ」という発言が出てくる。こういう発言は、東大生の女の子からは出てきません。

また、私のゼミで学生たちが「援助交際⑹は自己決定か」をめぐるディスカッションをしたことがあります。援助交際をする女の子たちは、女性性や肉体という資源を、それが商品価値があるあいだに高く売りつけるという生存戦略、自分の持てる価値の最大化という戦略を、主体的かつ合理的にとっているわけですが、東大の女子学生は「私はそういうことはやらない」と口をそろえて言います。では、あなたはなにを売るかと問うと、「私は自分の能力——語学力とか学力で勝負する」という。あなたにそういう学力資源があり、その学力資源をあなたが合理的にもっとも高く売ろうとすることと、援交の女の子に女性性という資源があり、その資源をもっとも高く売ろうとすることとのあいだにどういう違いがあるの？　と聞いたら、彼女らは絶句しました。

それらは生存戦略としては同じではないか。しかし、学校社会の価値のもとでは、そこで評価されるような学力資源を一方の子どもたちは持ち、他方の子どもたちは持たない。しかも人生の比較的早い時期から「おまえはなんぼのもんや」ということをくり返し、親からも教師からも言われつづけるなかに子どもたちは生きています。したがって、学校的価値への適応の仕方には、偏差値によっても、階級によっても、そしてジェンダーによっても違いがあるのです。

（5）エステ、コスメ

エステとはエステティック（全身美容。痩身・美顔・脱毛など）、コスメとはコスメティック（化粧）の略。エステティックはかつてはモデルや芸能人専用のものであったが、近年は普通の女性のあいだでブームとなり、一大市場を形成している。

（6）援助交際

初期には女子大生やOLと年長の男性が金銭を媒介に性的関係を持つことをさす婉曲語法として使われていたが、九〇年代に入ってから、女子中高生を対象にした少女売春をさす用語として復活し定着した。「（女子中高生の）援助交際は是か非か」をめぐる議論は、宮台真司らを震源地として盛り上がり、一九九〇年代後半の論壇を沸かせた。しかしこの時期の援助交際論は、売春する女子高生側についてのみ問題を立て、買春する側の男性については問題としていない点に限界を抱えている。

女のエネルギーの行きどころ

私の経験からも、そのことは首肯できます。偏差値一流校、旧帝大系の学生の学校的価値への適応は（といっても、私のサンプルは東大と京大しかありませんが）、男の子と女の子のジェンダーによって、おおいに違っていました。

男の子を見ていて思うのは、彼らはこれまで小集団のなかのトップとして、教師から目をかけられ親からも期待されてきた子どもたちだということです。ところが、大学へ来てみたらまわりじゅうがそういう子たちで、自分が特別な人間ではないということを感じるし、たいていの子は上には上がいるということを知って、したたかに傷つきます。

そのときに男の子は、適応するために退却神経症というか正業回避というか、評価されることを恐れて鬱状態になったりする子もいれば、逆に過剰なはったりをかますパフォーマンスをする子たちもいる。これまでエリートだった男の子にとって、そういう敗北の経験が自己アイデンティティにとってどのくらい核心的なことなのか、そこで敗者になるということが彼のその後の男性アイデンティティにどう関係するのか、敗者のがわの男性アイデンティティの構築問題はものすごくおもしろいと思いますが……、私、男じゃないからわかりません。

女の子は、きれいに二つに分かれました。自分が男とくらべて優位に立てないということを、「やっぱり男の人はすごいわね」と、ジェンダーの言語で正当化するのがそのひとつです。高偏差値大学では女性はやはり圧倒的なマイノリティですから、おたがいに競いあいをやるまえにひしと固まって、あくまで男とくらべる。そして、学歴資源よりも自分の女性性資源のほうに価値をおいて、偏差値で自分がハイパフォーマンスをやるかわりに、ハイパフォーマンスをやる男性をゲットするという選択をするのです。私たちの世代は平均初婚年齢が二十三、四歳でしたから、卒業のときに決まった相手がいたり婚約しているというのは珍しくありませんでした。

もうひとつは、自分の女性性が資源としての価値をあまりもたなかったり、あるいは自分の女性性を資源化することに恥じらいやためらいがあったり、「なんで男だからってこんなにいばらなきゃいけないんだ」「女だとこんな目にあわなきゃいけないんだ」と、不当だと感じる女の子たちがいます。その子たちは男たちと張りあおうとするのだけれど、女としての人生のシナリオがそれ以上、描けないわけです。なにしろ均等法(男女雇用機会均等法)(7)以前ですから、企業からは大卒女子の募集はない。女がなれ

(7) 均等法
一〇五ページ注21参照。

るのは公務員や教師だけ。選択肢が狭い。そうするとエネルギーが行き場を失って、それが爆発すれば……ウーマン・リブ(8)に行くしかないでしょう。

ですから、リブやフェミニズムは「ブスのヒステリー」と言われたけれど、田中美津(9)さんが証言するとおり、「ブス」はそんなにいませんでした。しかし、女性性資源をもたなかったわけではないけれど、その自分の女性性と折り合いの悪い人たちはけっこういました。私自身もそうでした。女性性と折り合いが悪いから、女性性資源を生かして結婚するとか、子育てに入れあげるという方向を、自分の選択肢のなかで禁じ手にするわけです。

エリート女性がエリート男を求める理由

しかし、その二つのグループのうち、第一グループ女性の男ジェンダーへの屈服は、それほど単純な屈服ではありません。私は、高橋たか子(10)――高橋和巳(11)の妻だった作家――を印象深く思いおこします。彼女は能力と女性性の両方を兼ね備えた女性でした。一方、高橋和巳は私が学生だったころ、全共闘運動のヒーローでした。良心的知識人として、煩悶《はんもん》し……。その彼の妻として、和巳が売れない大学院生時代から、塾の教師や家庭教師のアルバイトで彼の生活を支えたのが高橋たか子です。二人は京都大学

(8) ウーマン・リブ
一九六〇年代の先進諸国において、新左翼運動や対抗文化運動を背景に同時多発的に発生した、女の解放を求める社会運動。新左翼の男性中心主義を運動内部から批判するかたちで始まった。女の自己肯定を求めて、「女らしさ」を問題化し、性や身体を焦点にすえるなど、戦闘的でラディカルな運動のスタイルでも注目を集めた。のちに第二派フェミニズムのなかに位置づけられるようになる。

(9) 田中美津（たなか・みつ）
一九四三年生まれ。日本のウーマン・リブ運動の代表的存在。「便所からの解放」「わかってもらおうと思うは乞食の心」などの名言に代表される、ラディカルな女性解放思想は、同世代の女性に支持されただけでなく、若い世代の女性にとってもフェミニズムの原点としてしばしば参照されている。現在は鍼灸師として活躍するかたわら、イメージトレーニングや東洋医学のワークショップを主宰。主著『いのちの女たちへ　とり乱しウーマン・リブ論』（一九七二）は、二〇〇一年に新装版として、二〇〇四年に増補新装版として復刻された（パンドラ）。

(10) 高橋たか子（たかはし・たかこ）
一九三二年生まれ。小説家。一九五四年、京都大学の一学年先輩であり同人雑誌仲間であった高橋和巳と結婚。京都大学大学院仏文科修了。高橋和巳の死後まもなく発表された『高橋和巳の思い出』は文壇で話題となった。『空の果てまで』（新潮社・一九七三／新潮文庫）により田村俊子賞受賞。一九七五年にカトリックの洗礼を受け、八一年からはフランスに居を移す。無意識の悪を追究した『怒りの子』（講談社・一九八五／講談社文芸文庫）で読売文学賞受賞。

の同窓生でした。

その彼女が、夫の死後に『高橋和巳の思い出』（構想社、一九七七年）を書いて明らかにした和巳像は、どうしようもなく自己中心的で傲慢な男というものでした。彼女は、なんでそんな自己中心的な男にそこまで仕えたか。「この人は天才だと思ったから」と言うのです。天才は生活の労苦をなめてはならない。だからたつきというか、生活にかかわる労苦をすべて私が背負う、というのが彼女のプライドでした。実際、彼女は献身的に雑事をこなし、家事をこなし、そのうえ生計まで担って和巳を支えました。

こんなエピソードがあります。彼女が家庭教師の給料をもらって帰ってきて、封筒にいれたままこたつのうえに置いておいた。ずっと暗い顔をして寝ていた和巳が起きて、それをつかんで出ていった。そして温泉に行った……。彼は天才だから、そういうことをしてもいいのです。彼女はそれを恨みをもって書いているのですが、それでも決裂しないでいっしょにいたのは、彼は天才だからだと自分を納得させていたからです。

しかし、ここにあるのは高橋たか子自身の二重の意味での権威主義です。ひとつは天才だと思える男を自分が選んだというプライド。もう一つは自分が天才にふさわしい女だというプライドです。彼女のエリート的なアイデンティティと女性的なアイデンティティとの折り合いがつく地点を、彼女は「（天才）和巳の妻」という場に見いだしていたわけです。そういうことが私などには、おぞましく、恥ずかしく、こんなことよく書くよねと思いました。ああ、見たくないもの、見てはならないものを見てしまった、という恥ずかしさです。

自分が競争することを放棄したエリート女は、自分の女性的なアイデンティティとエリート性を結びつけるために、自分が献身して悔いない、自分を投資する価値のある男を探そうとします。しかし、たいがいの男はそんなりっぱなものではありません。一時の幻想はただちに崩れ、女は「どうしてあなたは私の献身に値しないのか」と男を責める。こんなバカげた不条理な立場に男は立たされているわけですが、女の幻想に一瞬、自分のナルシシズムをくすぐられて乗ってしまった男も共犯者です。

高橋たか子はそのうち現世の男を天才だと思うような幻想から覚めて、神という究極の権威に仕えるようになります。神は裏切りませんし、温泉にも行きませんから。

(11) 高橋和巳（たかはし・かずみ）一九三一～七一。小説家、中国文学者。高橋たか子の夫。京都大学大学院博士課程単位取得退学。埴谷雄高に師事し、戦後文学の批判的後継者であると目された。師・吉川幸次郎に請われて京大助教授に招かれるが、折からの大学闘争を真摯に受けとめ、「肺腑をえぐる問いを投げよ、肺腑をえぐる答えを返さん」などと発言。『わが解体』（一九七〇）を著して大学を去り、学生のヒーロー的存在となる。病没にあたりその悲劇的早逝も惜しまれた。『悲の器』（一九六二）で文藝賞受賞、その他『邪宗門』（一九六六）など著作多数（新潮文庫、河出文庫ほか）。

虐待母は学校化世代の二サイクルめ

学校的価値の内面化とジェンダー規範が女にどう現れるのか、その一つの姿を高橋たか子を例にお話ししましたが、そうした女たちがいまや世代交替をして二サイクルめにはいっています。私がそれを児童虐待する高学歴の母に見ていることは、前章でお話ししたとおりです。

もうひとつ、虐待を成立させる条件には育児の密室化があるのですが、そのとき育児を風通しよくするために夫に協力を要請することが、エリート女にはできません。ある虐待母の告白を読むと、夫は長時間労働で夜中まで会社から帰ってこない、私はそんな夫に会社に行かないでいっしょに育児をしてくれと言えるだろうか、と自問自答していますます。彼女は「言えない」と自分で答を出す。なぜか。彼に出世競争から降りてほしくないと思う私がいたから……。そこまで自己分析するわけです。おぞましいけれど、正直な答です。

夫に言えないのは、それをやったとたんに夫が会社から脱落するからです。一方、「育時連」(12)の男たちは、会社から脱落することと引き換えに家事・育児を引き受ける「半分こ」イズムの実践者たちです。確信犯なわけですが、ほとんどの人はそんな確信犯にはなれません。エリート高学歴女は、エリート高学歴男をパートナーとしてゲットする傾向がありますが、家庭に引きこもったエリート女にとって、自分のエリート性を裏書きしてくれるものはエリートの夫と子どもですから、夫に会社の出世競争から降りてほしいと言えないわけです。夫へは助けが求められず、母子カプセルのなかで追い詰められて子どもに手が出たというのは、じつによくわかるからくりです。

私の若い友人は、子育て三か月めで密室育児に息づまる思いをし、朝、会社に出かける夫の足にしがみついて「あたしと子どもを殺す気か」と迫った、と言います。夫は会社を休み、妻と向きあって話しあい、その結果、会社を辞めるに至りました。「収入は減ったけど、風通しはよくなったわ」と、彼女はカラカラと笑います。たいがいの女は、そこまで覚悟がすわりません。とりわけエリート女は夫がドロップアウトすることを、自分自身が受けいれられないのです。

そのうえ、私は一生懸命、育児をしているのに、どうしてそれが報われないのだ、子

(12) 育時連
正式名称は「男も女も育児時間を！　連絡会」。労働基準法で女にしか認められていない育児時間を男にも、と主張して一九八〇年に結成。仕事も家事も男と女で平等に分け合うことをめざす人びとのネットワーク。会員はますのきよし、たじりけんじなど。育時連の著作に『男と女で「半分こ」イズム』（学陽書房・一九八九）などがある。

どもが思うとおりになってくれないのだ、というのも骨がらみ学校的価値を内面化した結果です。そういう母親もとことん学校エリートなのです。一生懸命がんばることが子どもに通用すると思っている。子どもとは、そういう尺度が通用しない他者であるにもかかわらず。

児童虐待の経験を告白しているのは高学歴母ですが、それは高学歴母が経験を言語化する能力をもっていただけであって、高学歴母にかぎって虐待をするわけではありません。中学歴母も低学歴母も、おなじ状況に追いこまれれば、だれでも虐待をするでしょう。学校勝者だろうが学校敗者だろうが、学校的価値を内面化して親になった人たちは学校的価値にもとづいて子どもにたいする評価をするでしょう。

親自身が、自分は学校的価値しか知らないと告白している文章を読んだことがあります。自分の子どもの中学受験の経験を本に書いたある女性のお医者さんが、ある教師と対談していました。

お受験に母子で取り組む、子どもにとってこれは逃げ道のないすさまじい抑圧です。母親自身が学歴エリートだから、教科書をもって子どもに指導する能力があります。対談相手の教師が、「よくそこまで追い詰めて、子どもさんがグレもせず、神経症にもなりませんでしたね。息子さん、お母さんのことをよっぽど愛していらしたんですね」と言うと、それを聞いた母親がハッとして、思わず涙ぐんで言った台詞《せりふ》が、「そうなんです、私は学校という価値以外の価値を知らなかったから、それを子どもに伝えようと思ったのです」でした。

ここまで深みに達する対談はめったにあるものではありません。お受験のサクセス対談が、いつのまにか母親の内省とカウンセリングになっていました。母親の期待を先取りして、自分を明け渡して母親の期待にこたえた子どももすごいけれど、そこまで追い詰めてしまった母が、自分がしたことがなんだったかにハタと気がついて、「私は学校の価値しか知りませんでした」と口にしたのもすごいことでした。対談相手の教師のかたが偉かったと思います。

売春による女性性の奪還――「東電ＯＬ」

女性に強いられた二つの道――男なみに競争するか、女性性を資源に生きるか――をたどっていったとき、女はどうなるか。それぞれの極北に、私はあの渋谷・円山町《まるやまちょう》で売春をし、殺害されて発見された「東電ＯＬ」と、文京区で幼女を殺害してお受験殺人と騒がれた「音羽の母」を思い浮かべずにはいられません。

東電ＯＬ(13)はシングルでした。殺害されたとき三十九歳。東電のエリート技術者家庭の長女として父の期待を背負い、父を心から尊敬して成長し、慶應大学を卒業、父の会社である東京電力という超銘柄・安定企業に就職した。そして迎えた三十九歳とは、同期の男性社員はぜんぶ管理職になっていて、彼女だけが「結婚退社もできないのか」と言われて鼻つまみになっているという最悪の年齢です。

均等法以前に入社している人ですから、差別的待遇をずっと受けてきていたでしょう。彼女は仕事が自分の自己実現だと思ってがんばってきた、つまり学校的価値を愚直に信じてやってきたのに、現実の職場はそれが通用するようなところではなく、ガラスの天井にぶつかった。そこでハタと、一方で自分が犠牲にしてきたものがあることに気がついた——女性性です。見回せば同期の女子社員は、彼女がその年齢に達するまでにほとんど全員が寿退職している。彼女は能力にプライドをもちながらも頭打ちを強いられ、女性性の価値からもとり残されてしまった。

そんな彼女が、最後に自分が女だということをもっとも直接的なかたちでつかもうとした行為が、売春でした。男が女を必要とするもっとも陋劣《ろうれつ》なかたち、すなわち性欲の対象として女が男に必要とされ、金銭を支払われることで、自分が女であることを確証しようとしたのだと思います。金を払わせるというところには、彼女のプライドがあったと思う。それで彼女が自分のいわばバランスをとるというか、人生における彼女なりのある種の帳じりをつけていたのだと思うのです。

東電OLはキャリア・ウーマンたちの深い共感を呼びました。その昔、ある種の若者にとって岡田有希子の自殺(14)の跡地が聖地になったように、円山町周辺はある種のOLにとって聖地になりました。彼女の遺体が発見された円山町のアパートをわざわざ見に行った女性を、私は何人か知っています。また、小倉千加子(15)さんは、深夜に知り合いの女性から電話がかかってきて、彼女が「東電OLは私だ」とうめくような声で言ったと、著書で書いています。

(13) 東電OL
一九九七年、東京電力に勤務する三九歳の女性(「東電OL」)が何者かに絞殺された。当時、この事件はさかんにマスコミで取りあげられたが、それは、その後の捜査で女性が毎晩、売春していたことが明らかになったからだ。彼女は三二歳ごろから毎晩、退社後に渋谷・円山町に赴き、ホステス、ホテトル嬢を経て、最後には路上での売春を始めるようになる。年収一千万という恵まれた地位にあったエリート女性が、なぜ毎晩、売春をしていたのだろうか。この事件はマスコミでは猟奇ポルノに近い感覚で消費され、やがて忘れさられたが、一部の女性たちのあいだでは、ひとごとでない問題としていまなお共感を呼んでいる。なお、殺人の容疑者であるネパール人男性は、二〇〇〇年十二月、東京高等裁判所で無期懲役の判決が下され、上告するも、二〇〇三年に棄却され刑が確定。二〇〇五年に獄中から東京高裁に再審を請求し、継続中。佐野眞一『東電OL殺人事件』(新潮社・二〇〇〇／新潮文庫)に詳しい。
(14) 岡田有希子の自殺
一九八六年、アイドル歌手の岡田有希子が飛び降り自殺をしたが、その現場はファンにとって聖地となった。またこの事件のときには、数人のファンが後追い自殺をしたことが話題となった。

売春は、男にたいするある種のリベンジなのです。男が求めるセックスを、私はタダではやらせないよ、オマエが私を自由にできるのはカネを払っているあいだだけだよ、という。カネを受けとるのは自分を貶めるどころか、プライドの証でもあります。援助交際をやっている女の子のなかにも、プライドがないからではなく、プライドのためにカネを受けとる子がいます。

学校的価値を愚直に信じた女が、いまの社会のハンパさに頭をぶつけて挫折し、男社会へのリベンジを果たそうとした極限の姿が東電OLだったとしたら、そのもう一方の極北にいるのが音羽の母です。

失敗を許されない子育て――「音羽の母」

音羽の母(16)は、エリート男性をつかまえて女性性の価値で生きようと、早めに切り替えた女性のケースです。娘にたいしては、いちどは学校的価値のなかに叩きこみ、パフォーマンスがよければ東大をめざしてもらい、悪ければ女性性で勝負してもらおうと考える――これを「選択肢の多様化」と呼ぶこともあります。男にはない選択肢です。

子どもの数が少なくなったせいで、いま、子育てに失敗が許されなくなっています。上の子で失敗したから下の子には、が許されない。失敗が許されないというプレッシャーは、エリートの母親になればなるほど強くかかっています。わりとフェミニスト的で、自己実現志向が高くて仕事に打ちこんできた女の人が、子どもが小さいときに「私は子育ては十五歳で終わると思っているの。あとは子どもの人生だから」などとわかったようなことを言うのを聞くと、私は内心、子どもが受験期に

(15) 小倉千加子（おぐら・ちかこ）
一九五二年生まれ、元愛知淑徳大学教授。医学博士。『セックス神話解体新書』（学陽書房・一九八八／ちくま文庫）は、軽妙洒脱な文体で「性」に関する神話を打ち砕いていく好著であり、「こんなに芸のあるフェミニストはいなかった」と上野千鶴子を驚嘆せしめた。ほかに上野千鶴子・富岡多恵子との共著『男流文学論』（筑摩書房・一九九二／ちくま文庫）、『セクシュアリティの心理学』（有斐閣選書・二〇〇一）、『結婚の条件』（朝日新聞社・二〇〇三／朝日文庫）などの著作がある。フェミニズム思想をわかりやすく、ユーモアたっぷりに語れる数少ない論者の一人。

(16) 音羽の母
一九九九年、名門校のひしめく東京都文京区の音羽地区で起こった、幼女誘拐殺人事件の被告（二〇〇二年、東京高裁にて懲役十五年の刑が下され、確定）。彼女は三〇代の主婦であり、当時、五歳の息子と二歳の娘がいた。彼女の友人である主婦に、同じく五歳の息子と二歳の娘がおり、この娘が事件の被害者となった。殺人の動機は、友人の二人の子どもが名門校の受験に成功したのに、被告の子どもは二人とも失敗したことであるとも言われた。この事件によって幼稚園の時期からはじまる「お受験」と、それに翻弄される母親という現代社会の病理がクローズアップされ、話題となった。

なったらどう変わるか、と思ってきました。そして実際、多くの人は変わりました。子どもの達成が自分の評価にはね返るからです。寿退職も出産退職もしなかった人が、お受験退職するということさえあります。おむつ替えるのは私じゃなくてもできるけど、私以外のだれが受験期のこの子のそばにいられるだろうか……と。

子育てに失敗できない、子どものパフォーマンスは自分の評価にはね返るというプレッシャーが、母親たちを強くとらえています。失敗を許されない子育てのなかで、まわりの女たちの子育てとつねに見くらべて自己評価をする、ものすごく息苦しいプレッシャーのなかで、事件は起きました。起きて当然でしょう。これを他人ごとではないと感じた母親は少なくないはずです。

それともう一つ、夫とのディスコミュニケーションもあまりにも見なれた風景です。彼女は夫に何度もメッセージを送っていました。私はこのままだとなにをするかわからない、と。ところが、夫はそれを深刻なものだと考えず、とりあわなかった。夫は妻というカテゴリーの女を、まともにコミュニケーションする相手だと見ていないのです。日常の役割をこなしてゆくパートナーではあっても、コミュニケーションする相手ではない。おそらく結婚以前の恋愛関係からそうなのでしょうが、定型化されたパターンはあっても、相手がそこまで追い詰められているというサインに、もっとも身近な他者であるはずの夫でさえ気がつかずにすむ程度の関係。ほとんどの夫婦関係がそうでしょう。

中高年離婚を切り出された男たちの、寝耳に水という判で押したような反応がそれを証明しています。自分のかたわらにいる女がじつは、円より子(17)さんの「ニコニコ離婚講座」で有利な慰謝料の取り方を勉強していることにも気がつかない男の鈍感さ。妻が追い詰められているということを感じない、関心をはらわない、感じる必要さえ感じない、そのことこそが問題なのです。

にもかかわらず、そのなかで子育ての責任と負担はずっしり、なにがあっても失敗は許されないとばかりに母親ひとりの肩にかかっています。音羽の母と東電OLとは、二つに引き裂かれた女の「いま」の状況の、両極を象徴するような気がします。

業績原理と女らしさのはざまで

ジェンダーの話を、母親世代から思春期の若者たちへ進めましょう。このところ思春

(17) 円より子（まどか・よりこ）

参議院議員（二〇〇八年現在は民主党）、作家、現代家族問題研究所代表。フリーのジャーナリストとして主婦層に人気を博していたが、一九九二年に参議院選に立候補、当選。現代家族問題研究所のおもな活動は毎月の「ニコニコ離婚講座」であり、離婚に直面した人に法律・経済・社会面の情報を提供している。

期病理を扱っている精神科医のかたたちから、おもしろい報告が出てきています。思春期病理というもののジェンダー差が、相対的に縮小してきたという観察です。

これまで思春期病理には、対照的なジェンダー差があると考えられてきました。不登校と引きこもりはきわだって男子に多く、拒食症など摂食障害(18)はきわだって女子に多い。男女のコントラストが思春期病理ではきわめて大きい、と考えられてきたのです。

不登校と引きこもりというのは、子どもらしい全能感を維持したままで競争社会に巻きこまれ、そこで評価の対象とされることにきわめて強い恐怖心や忌避感を感じて、そこから退却する病理だと言われてきました。そのような競争社会のプレッシャーがきびしくのしかかるのは——引きこもりとか不登校は、現在、大量現象となり、原因は複合的であるから特定できないと言われていますが——これまでの臨床的なデータの傾向を見てみると、まず男子に多い。それも長男や一人っ子に多いということがわかっています。それから偏差値の低い子のなかにはあまり現れないということもわかっています。したがって偏差値の高い子たちが、自分にたいする決定的な相対評価を受けることへの恐怖心がひとつの動機になって、不登校や引きこもりをするのだろうと専門家たちは考えてきました。高偏差値の男の子のほうが競争圧力をより強く感じていますから。

他方、摂食障害はこれまで成熟拒否とか母子関係が原因と言われて、これもいちがいに言えないのですが、傾向としてはまず女子に多い。それも拒食症はとりわけ成績のいい女子に多いことがわかっています。

摂食障害についてはいろいろな研究が出てきましたが、私の知りうるかぎりいちばん説得力があると思われた説明はこうでした。東京大学の大学院で社会学を専攻した加藤まどか(19)さんという若手の女性の社会学者が、摂食障害を研究テーマにしています。彼女は、こういう説を出しました。「摂食障害は、現在の過渡的な社会における女性のダブルバインド状況の反映である」——。

ダブルバインドというのは二重拘束という意味のベイトソン(20)の用語ですが、まったく矛盾したメッセージを同時に受けることによって股裂き状態になることです。

(18) 摂食障害

拒食症と過食症があるが、どちらも「やせたい」という願望から発する。患者の九割は女性であるものの、近年は男性にも増えている。摂食障害になる原因については諸説があり、母子関係説（母に対する拒否）、成熟拒否説（成熟した大人になることの拒否）、「美の鎖」説（美しくなることへの過度の願望）などがある。

(19) 加藤まどか（かとう・まどか）

一九六五年生まれ。社会学者。福井県立大学講師。修士論文で摂食障害を扱った。著書に『拒食と過食の社会学』（岩波書店・二〇〇四）がある。

一九八五年に男女雇用機会均等法(21)ができると、企業は総合職コースと一般職コースをつくって、コース別人事管理制度を導入することで均等法の影響を骨抜きにしようとしました。総合職のようなコースがつくられると、女だからというゲットーにみずからを置いておく言いわけがきかなくなる。高偏差値の女の子たちには、「女だからって諦めなくてもいい。あなたもがんばれば総合職になれる」と、業績原理のメッセージが送られています。

その一方で、しかし同時に、「女らしくあれ」というメッセージをも受けとります。この「女らしくあれ」というのは男にたいして控えめに、自分の能力を見せないようにして、相手を立てて、自分の利益より相手の利益を優先し、おバカさんのふりをしなさいというつつましさの美徳です。

現在の日本の社会では、女の子たちはこの二つのまったく相反するメッセージを受けとることになります。男なみに能力があるということだけでなく、女なみに気配りができるということの両方です。これをクリアーしないと一人前とは言われないわけです。当人たちは「こんなのやってられない」と思っていても、現状を変えないかぎり、ダブルバインド状況、股裂き状態に陥ります。

なるほど、相対的には女性の社会進出は可能になったかもしれませんが、歴史的条件の過渡期におけるハンパさが、自分自身の身体にたいするある種の暴力として現れてい

(20) ベイトソン (Bateson, Gregory)

一九〇四〜八〇。イギリス生まれ、のちにアメリカに帰化した思想家。人類学・精神医学・動物行動学にまたがって幅広い論考を著す。特に主著『精神の生態学』(一九七二)で提唱した精神分裂生成理論「ダブルバインド」は有名。ダブルバインド理論によれば、精神分裂は以下の(1)〜(4)の条件が満たされたときに発生する。(1)第一次レベルの禁止命令と、(2)それに反する第二次レベルの禁止命令が同時に与えられ(ここまでがダブルバインド状況)、しかも(3)第三次レベルの禁止命令によってダブルバインド状況から逃れることも禁止される。(4)このようなコミュニケーションが家族との間でくり返し行なわれる。以上のようなダブルバインド理論にもとづき、治療と介入の対象が、患者から、患者と家族とのコミュニケーションへとシフトし、「家族療法」の基礎をつくった。

(21) 男女雇用機会均等法

この法律が成立した一九八五年、多くの企業は「コース別人事管理制度」を導入して対応した。これにより労働者は、中枢・基幹的業務としての「総合職」と、補助的業務の「一般職」へと、採用時から振り分けられることとなった。総合職の女性もある程度は定着したが、出産・育児との両立は難しく退職者も多い。結果として、総合職は男性、一般職は女性という性別分業は根強く残り、なおかつ女性労働者のなかでの階層差が拡大した。その後、均等法一〇年目を期に改正論議がはじまり、九九年に改正男女雇用機会均等法が成立した。改正均等法は、募集・採用・配置・承認の機会均等についての違反を禁止規定とすること、セクシュアル・ハラスメントの防止と対策を使用者に課すこと、などを盛りこんでいる。二〇〇七年にはさらなる改正が行われ、就業規則でセクハラ防止規則を定めたり、相談窓口を設けることなどが義務付けられたほか、実質的に性差別となるおそれのある間接差別の禁止、雇用管理上のあらゆる性差別の禁止、妊娠出産による不利益扱いの禁止、などが盛り込まれた。

る。身体というのは本人にとってたった一つの、自分が思うようにコントロールできるテリトリー（領土）である。身体という自分の領土にたいして暴虐の限りをつくしているのが摂食障害だ、というのが加藤さんの説です。

いろいろな説があって、あーでもない、こーでもない、とご託を並べるのが社会学者というものですが、摂食障害についての加藤さんのこの説明は私には説得力がありました。女の子たちにたいして、この業績原理と優勝劣敗の自由競争のなかに「あなたもがんばれば男なみに入れるのよ」というささやきは、悪魔のささやきでしょうか、それとも解放のささやきでしょうか。

女性にたいして、「もっともっと総合職に」「女を全員総合職に」と励ますことがフェミニズムだろうか。そんなはずはない、というのが私の答です。そのようなシステムのなかで、いったいだれが利益を得るだろうか。それは現存の社会秩序のなかで既得権を得ている集団、すなわちサイフとツラの皮の厚い――とりわけそれが男性に多いので、私は「オヤジ」と名づけているわけですが――オヤジに他なりません。オヤジは年齢・性別カテゴリーではありません。若くてもオヤジはいますし、女でもオヤジになります。つまりオヤジとは、この社会で既得権をもった人びとの別名です。

優勝劣敗主義とは結局のところ、そのような「オヤジ社会」の存続に貢献しています。そのなかで現在、カネと業績の価値が一元尺度で語られるような社会がつくりあげられているわけです。

競争から降りられなくなった女の子たち

このように、男の子の病理として不登校（そのほかでは家庭内暴力）、女の子の病理として摂食障害（そのほかでは性的逸脱）が指摘されてきたのですが、八〇年代のなかごろから精神科臨床の専門家たちが、ジェンダー差が縮小してきたという観察を示すようになりました。男の子の摂食障害も増えてきているし、女の子の不登校や引きこもりも増えてきている、と。私にはそれは、かつて離れていた学校社会と家庭文化が、学校化社会の成立・蔓延のなかで、家庭文化が学校社会に同一化したものの、いまやふたたびそれが乖離《かいり》しつつあるからだと見えるのです。

現在、家庭文化のなかでは、少子化のおかげで子どもが王様です。親が子どもの顔色を見て、子ども中心に育てるように親子関係が変わってきました。高学歴の親のなかに、ある種のリベラリズムが生まれてきました。子ども中心主義というか、のびのび育てようとか、子どもの自主性を尊重しようというタテマエです。学校に行きたくないと言ったら、ほんとはパニクっているのだけど、それを許容してあげるタテマエ的なリベラリズムが、親のがわに、これも学校的な手段——啓蒙とか書物とかメディアとかをつうじてはいってきた。七〇年代の絵に描いたような「教育ママ」は、いまは鳴りをひそめました。そして少子化のせいで一人か二人しかいない子を、失敗が許されないとばかりに過保護に育てる傾向があります。

子ども中心的なリベラルな空間が現在の家庭文化だとしたら、学校文化はあいかわらず統制と競争の場です。その両者のあいだのギャップが拡大しているのだと思います。それを精神科医の斎藤環(22)さんは去勢回避と呼んでいます。

去勢というのは、子どもに「おまえはなんぼのもんや」と言ってやることです。子どもは全能感をもっているから、自分の欲望は満たされるのが当然だと思っていて、満たされなければ地団駄踏んで泣きわめく。やがて欲望は満たされることもあれば満たされないこともあるということがわかれば、自己抑制することや諦めることを学んでいくでしょう。学校は否応なくそれが要求される場所であるのに、家庭はそれを学ばせない。

その点でもジェンダー差がなくなってきています。というのは、これまで女の子は女の子だというだけでがまんしなさいとか、進学しないでお嫁にいけばいいと言われてきたのに、いまや一人っ子だから男の子とおなじように大切にされ、なんでも許容してもらえます。女の子でも学校に行きたくないと言ったら、行かないでいいと親が言い、それをサポートするようになった。

引きこもりには、イネイブラーという概念があります。エイブル(できる)の状態にする人ということですが、引きこもりを可能にしているイネイブラーは「尽くす母」です。尽くす母が、男の子だけではなくて女の子にも尽くすようになったわけです。

そのようにして不登校に男女のジェンダー差がだんだん縮小してきたということを臨床家から聞いたとき、私が最初に思ったのは、「ああ、女の子も競争から降りられなくなったな」ということでした。ちょうどそれが八五年の均等法の時期と重なっていたから、ひときわ感慨深かった。それまでは女は無条件で競争から降ろされてきました。だからフェミニズムは競争から降りることの価値を裏返しに正当化して、「男のつくった土俵に乗るな。そんな競争、降りちゃえ」と言ってきたのですが、もう女も競争から降りられなくなった。女の子にも男と同じように競争ストレスがかかるようになったということを感じたのです。

私は東大へきて、日本に進学女子校があるということをはじめて知りました。桜蔭《おういん》

(22) 斎藤環（さいとう・たまき）

一九六一年生まれ、医学博士。専門は思春期・青年期の精神病理学、病跡学。とくに引きこもりの研究では第一人者であるが、臨床のかたわら、ラカンの精神分析理論によってさまざまな社会現象を論じる気鋭の若手論者でもある。マンガ、アニメやオタク文化についての優れた論考がある。著作は『文脈病』（青土社・一九九八）、『社会的ひきこもり』（PHP新書・一九九八）、『戦闘美少女の精神分析』（太田出版・二〇〇〇／ちくま文庫）など。

㉓です。灘や開成のような進学男子校は山ほどあるけれど、女子校では聞いたことがありませんでした。少なくとも関西にはありません。この女子校は毎年、多数の入学者を東大へ送ってきます。桜蔭出身の学生がゼミにいるので聞いてみると、母親の期待をものすごく背負っている。母親は、娘にテマもカネもかけたのでしょう。ただし本人は、「私が理三（医学部進学コース）にも文一（法学部進学コース）にも行かず文三に行って現在、上野ゼミにいることで、お母さんの期待は十分裏切ったからもういいんです。ハハハ」と笑っていましたが……。

身体をまなざされる男たち

一方、摂食障害のうち拒食症は、肉体を戦場と化して極端な意志の力を試すことです。小倉千加子さんが『セクシュアリティの心理学』（有斐閣選書、二〇〇一年）という本のなかで、思春期とはなにかという卓抜な定義をしています。

思春期とは女の子にとって、自分の肉体が他者（つまり男）の快楽のために存在し、他者から値踏みされる存在であることを自覚するようになる時期のことである、と。自分の肉体が自分に属さない、自分の肉体に価値がつけられ、値踏みされる、その評価軸が自分とまったく関係ないところで他者の手ににぎられているということを自覚していくのが思春期だというのです。思春期に摂食障害が発症するというのは、そのような身体にたいする否定であり、かつそれを自分の領土として再占有するための意志の力の発露であり、征服宣言です。だから自分の身体にたいしてものすごく暴力的なことをやっている。

思春期の少女の逸脱病理は、摂食障害と性的逸脱とに分かれる傾向があります。性的逸脱にいかないで摂食障害をやっている女の子たちは、セックスを禁じ手にしていると考えることができます。セックスに依存するか食に依存するかは、機能的には置き換え可能です。それがセックスへ向かわないのは、セックスだと女という記号性を他者から否応なしに付与されるからです。拒食症というのは、他人の値踏みの対象となる女性的身体の持ち主になることを拒否する行為です。だからセックスに行くことを禁じ手にして食へ向かうのでしょう。

こうして拒食症は女性性の病といわれてきたのですが、それが男の子にも増えてきた

(23)　桜蔭

文京区本郷にある、中高一貫の名門私立進学女子校。大正十三年設立。毎年五〇～七〇人を東大に送りこんでいる。ちなみに某予備校のデータベースによれば、桜蔭の中学入試のボーダーラインは偏差値六七、これは首都圏女子高の最高偏差値である

というのです。もちろん、圧倒的なジェンダー差はあります。しかし男児の臨床例が珍しくなくなってきた。それを聞いて、私はなるほどと思ったものです。精神科医の話がひじょうにおもしろいのは、精神科臨床の現場は炭坑のカナリア、時代の先触れ《ヘラルド》のようなもので、時代の予兆が象徴的なかたちで、もっとも心の弱い人のところに病理として現れるからです。私がなるほどと感じたのは、男の子もまた身体を他者から値踏みされるという経験から逃れることができなくなった、と思ったからです。

逆の言い方をすれば、オヤジ社会のオヤジたちは、これまでツラの皮の厚さ、サイフの厚さ、顔の広さ、この三つで勝負できたのだけれど、そういう時代は終わって、男たちも身体的・外見的な価値とかパフォーマンスが他者から値踏みされる時代になったということです。タトゥーとかピアッシング(24)が出てきたことに象徴されるように、個人というもののテリトリー(範囲)が皮膚にまで切りつめられた。そのように身体の観念が変わってきて、これを個人化にたいして個体化というのですが、個人の境界が皮膚レベルにまで限定されるようになった。もしかしたらそのテリトリーはもっと切りつめられていて、身体の他者化が進行しているかもしれません。リストカットのような自傷行為は、自我の不確かさに耐えかねて、身体の境界を確かめる行為のように思えます。

そうなると権力があるということの象徴は、仕立てのいいスーツを着たりじゃらじゃら勲章をつけていることではなくて、鍛え抜いたボディだということになる。ジョギングで鍛え、スポーツジムに通い、身体を完璧なセルフコントロールのもとに置く。下腹など出ていればそれだけでアウトです。女は自分の価値を身体に局限されることに慣らされていて、ずっとそうやって育ってきたわけですが、男もまたそこから逃れられなくなってきました。

そういう感慨をもった時期が、八〇年代後半の均等法成立のころでした。ときをおなじくして、男の子の拒食症の話を聞くようになった。ときあたかも性の自由市場化が進行し、性の自由競争のなかでは男が女に選ばれる存在になりました。それを「生産財男から消費財男へ」と呼んだ人がいます。頼れる、食わせてくれる男よりも、いっしょにいて楽しませてくれる男が選ばれるようになった。

同時に、身体性や美もまた学校的価値にからめとられていきました。ナイスボディは努力すれば手にはいるのに、どうしてあなたは努力しないの——そういうメッセージがエステやスポーツクラブの広告にあふれています。ここには産業資本主義から情報資本主義へと変わっていく、後期資本主義の状況が反映しています。

(24) タトゥー、ピアッシング
タトゥーとは刺青、ピアッシングとはピアスのこと。耳だけでなく鼻や唇、腹部や乳首、性器などにピアスをするボディ・ピアッシングも行なわれる。一部の若い男女のあいだで流行している。

4 学校は授業で勝負せよ

ムダ金になりつづける教育投資

学校はもはや、だれもしあわせにしないシステムです。競争の勝者には不安を、敗者には不満を生みだしつづけ、学校的価値を再生産し、学校化世代は二世代め、三世代めにはいっています。こうした学校システムに延命の道は、あるいは再生の戦略は、はたしてあるのでしょうか。

私は教育学者でもないし教育政策論をやっているわけでもないから、そのような問いに答える義務も義理もないのですが、いまの学校システムではオリジナルなものをまったく生みだす方向にいっていないことに心底、危機感を覚えています。

こういう言い方はあまりしたくありませんが、教育とは、経済学用語でいうならば「人的資本への投資」です。日本は昔から資源小国だから人材大国になるしかない、人的資本に投資するほかないと言われてきました。

ところで、人的資本率を算出する計算式というものがあります。それは、高等教育に在籍する学生数かける一人あたりの教育費の合計が、その国家のGNPにどれだけを占めるか、で表わされます。GNPのうちのどれだけが、いわゆる人材育成に回されているかを示したものです。日本はこの数値だけからいうと、人的資本への投資額がきわめて大きな社会です。

とはいっても、国はあまりお金を出していません。文教予算などお粗末なものです。日本の教育投資は、親の大きな経済負担と、子ども自身のひじょうに大きな身体的および精神的な負担によって支えられています。

いま、「子ども自身の」と言いました。子どもは「被教育者」と呼ばれます。教師が教育労働者ならば、被教育者も被教育労働者です。この被教育労働者の労働は目に見えない労働であり、かつ賃金が支払われない労働です。

イリイチは、学校に行っているということは「シャドウ・ワーク」(1)だと言いました。じつに言いえて妙だと思います。あんなにつまらない、かったるい、ストレスの多い一日を過ごしていることを、労働と言わずしてなんと言うのでしょう。子どもたちは毎朝、カバンを持って通勤しているのとおなじです。賃金を支払われないシャドウ・ワーカーが、学校在籍中の子どもたちです。

この被教育労働者の見えない労働、プラス親のきわめて大きな経済負担という資本投下によって、日本の人的資本率はすこぶる高い数値を示しています。

ところが、その莫大な資本投下にもかかわらず、はたして次世代型の望ましい人材が育成されているかというと、その実情はじつにうすら寒いものがあります。高学歴者の数はともかく、質の面で望ましい人的資本が育成されていると楽観的に考えている教育関係者は、ほぼ絶無と言っていいでしょう。

オリジナリティとは「異見」のこと

望ましい人的資本とはなにか? あけすけに言えば「生産性(2)が高い」ということです。これまでの生産性とは労働生産性のことでした。何時間働いたらどれだけの生産物を生むかという、時間の量で計られる生産性のことです。ところが、今日の情報資本主義(3)のもとでは、情報生産性こそが重要です。

情報生産性の尺度は、時間ではなくなりました。ある人が五時間かけて思いついたことを別の人が五分で思いついたら、どちらの価値が上か。五時間かけたほうが上だとはいえません。また、同じ人が五分で思いついたことと五時間かかって考えついたこととでは、五時間かかったほうが価値が上か。それも時間では測れません。私は学生に問いを投げて、五分間考えて答が出てこなかったら、もう考えるのを止めろと言います。五分で出てこない答は、もう答ではない。五時間かけたからといって、優れた答が出てく

(1) シャドウ・ワーク
イヴァン・イリイチが著作『シャドウ・ワーク』(一九八一)で提出した概念。賃労働の陰に隠され、賃金が支払われない労働のこと。典型的なものは家事労働であるが、イリイチによれば、教育・治療などのサービスを消費するがわだと見なされてきた生徒・患者の活動も、「被教育労働」(教育されるという労働)「被治療労働」(治療されるという労働)というシャドウ・ワークである。シャドウ・ワークは、賃労働と対になって剰余価値の再生産に寄与していると考えられる。フェミニズムの「不払い労働」論につながっていく重要な概念だが、フェミニズムのがわからは、先行していた「不払い労働」の概念からジェンダーを抜いて換骨奪胎した概念だという批判もある。

(2) 生産性
投入された生産諸要素の量と、これによって産出された生産物の量の割合のこと。生産諸要素のどれに注目するかに即して、資本生産性、技術生産性、設備生産性などいろいろな生産性があるが、もっとも注目されるのは労働生産性である。労働生産性は製品コストなどを算定するさいの基準にされている。

(3) 情報資本主義
情報が貨幣や商品などの物質と同じように、あるいは物質以上に、価値あるものとみなされる社会体制のこと。情報そのものが生産物として価値を持つ。ここで情報生産性とは付加価値生産性とほぼ同義であり、自分で独自に作りだした新しい情報の価値の大きさのことである。情報資本主義では、言うまでもなく情報生産性の高い人ほど資本を増大することができる。

るとはかぎらない。五分が勝負だ、と言っています。

これからのグローバル・マーケットで人的資本を問題にするとすれば、情報生産性――べつの言葉で付加価値生産性とも言いますが――の高い人材を生みだすしかありません。付加価値生産とは、既存のものにそれにはないものをつけ加えるという能力のことで、これまであるものを踏襲して再生産するだけでは、付加価値は生まれません。

情報というものは、すでにあるものとの違い、既存のものとの「距離」のなかに生まれます。これを「オリジナリティ」と呼びます。私は「いけんがありませんか」というときには、かならず「異見」と書くようにしています。異なる見解というわけです。ご「異見」というのは、その人のオリジナリティのことです。「異見」というのは、あなたと私はここが違う、という距離のことだからです。

オリジナリティとは、現にあるものとその人との距離を指します。したがって、オリジナリティを獲得するためには、現になにがあるかを知ることが大切です。これを別名、教養と言います。だから教養はないよりあったほうがよい。ただし、教養だけがあってもオリジナリティが生まれるとはかぎりません。

東大生を見ていてつくづく思うのは、最初の章で述べたように、その同調する能力の高さです。「以上の文章を何字以内に要約しなさい」というような能力を十八年間、磨き抜いてきただけの、オリジナリティのない人びとです。そんな高い同調性をもった人材を組織的・制度的に訓練し、育て、選抜し、かつ社会に送りだしてきたのが、これまでの日本社会でした。そのためにひじょうに莫大な社会的コストと、当事者の耐えがたいストレスというコストを、払いつづけてきたのです。

ところが、その結果、生みだされた価値とはなんでしょうか。「次世代型人材」という言い方はあまりしたくはありませんが、情報生産性の高い人材が生みだされてきたかというと、私は首をかしげざるをえません。東大の学生を見ていてしみじみ思います。情報生産性の高い、オリジナリティのある、つまり人に異を唱えることが多く、カドが立っていたためにうまく適応できなかった人材は、この門をくぐるまえにとっくに淘汰されて、私のまえには現れなかったのだろうな、と。

「人と違ってよい」となぜ言えない

しかし、そうやって育てあげ、選抜しぬいた学校エリートが、実際に使いものになるかという正念場がきています。小泉構造改革なるものに私はたいした期待をもちあわせませんが、それでも人材育成ということを構造改革に関係する経済人たちが公然と口にしはじめたことには、感慨を覚えざるをえません。

次世代型の情報生産性の高い人材育成をしようと思ったら、現在の教育カリキュラムでは不可能だと、みんな知っています。知っていてこれまで口に出さなかった。従来型の人材で社会は十分、機能していたし、企業はそれを採用してきました。右向けと言ったら右を向く人材を好んで採ってきた。

ところが、ことここに及んでベンチャー(4)型の人材——右向けと言ったら左向くとか、人がやったことないことを前例がないからやりたがる、そんな人材を採りたいと望んだところで、十八年かけて同調型の人材をとことん絞りぬいてつくりあげるいまの教育カリキュラムのなかから、「異見」というオリジナリティを生みだすような人材が育つとはとても思えません。

私はこれを、日本人の集団主義とか「和」の思想などといった、国民性論(5)や文化本質主義(6)で論ずるつもりはまったくありません。たとえDNAが百パーセント日本人でも、アメリカで生まれアメリカ式に育てれば、頭のなかはアメリカ人になります。これは教育システムの問題です。

ひじょうに簡単にいうと、人と違うことを言うたびに頭を打たれ、足を引っ張られるような経験を十八年間やってくるか、それとも人と違うことを言うたびに「それはおもしろいね、よくやったね」と、頭を撫で、手を持ってひっぱりあげられる経験をするかの差なのです。ひとえにしかけしだいだと思います。そのしかけをつくってこなかったことが、もしくはまったく正反対のしかけをつくってしまったことが問題なのです。

情報生産性が高い人材は、どうしたら生みだせるのか。情報とは差異からしか発生しません。そのとき、落差のある生活世界や価値体系をどれだけ知っていて、自分のなかにその落差のあるシステムをどこまで取りこんでいるかが問われます。落差のない生活をやっている人のなかには、価値も情報も発生しません。二十四時間、会社べったりで

(4) ベンチャー

ベンチャー・ビジネス（和製英語）の略。高い情報生産性を元手に創業する、冒険的な企業のこと。アメリカの好況はベンチャー・ビジネスの牽引によるところが大きいといわれる。

(5) 国民性論

ある国家の構成員には、共通する持続的なパーソナリティ特性（国民性）があるとし、国民性によって社会現象を説明しようとする研究。『菊と刀』で知られるルース・ベネディクトらの「文化とパーソナリティ」学派が有名で、この学派は幼児期の生育環境によってパーソナリティが決まると考えた。日本でもこの学派に影響されて大規模な「県民性研究」が行なわれた。しかし、現在では国民性論はその素朴な文化本質主義が批判され、むしろ国民性論そのものがどのように成立し展開してきたかに視点が移っている。

(6) 文化本質主義

社会現象を言語や伝統などの「文化」に還元して説明する立場のこと。日本人は集団主義であるとか、日本語は論理的思考ができない、といった命題をさし、しばしば文化的ステレオタイプをつくりだす。また、本文で「DNA」の話が出てくるが、DNAなど生物学的で先天的な要因によって社会現象を説明する立場を「生物学的決定論」または「生物学的還元論」と言い、文化本質主義と同様に批判されている。

働いている人には、会社的価値しかないのです。

私は、女の人は壮絶な落差のある生活を送っていると思います。赤ん坊とは、石器時代から変わらない存在です。おぎゃあと生まれた赤ん坊には、二十一世紀も石器時代もありません。だから子どもを育てているキャリア・ウーマンは、二十一世紀のハイテク・オフィス空間と石器時代とを、一日のあいだに往復していることになります。全身が引き裂かれるような価値と時間の落差を生きている。その落差が情報を生むのです。そういう落差をもたない人からは、情報は発生しない。

教育に引き戻していえば、しかけはいくらだってできます。教室という場にできるだけ異質性の高い人たちの集団をつくりだす。クラスは同一年齢でなくてもいいし、外国人もハンディキャップのある子も、みんないっしょに学べばいい。人と違うことを言ったときには、その芽を摘むのではなくて褒めたらいい。「すごいね、よく思いついたね」とおだてたらいい。現にあるものとあなたとがどのように違うか、どう距離があるかということを許容する教育カリキュラムをつくればいいのです。そういうカリキュラムを、日本の学校制度はもってきたでしょうか。「人と違っていてもよい」と言ってきたでしょうか。

その前提になるのは、大人どうしが違っていてもよい、一枚岩でなくてもよいということです。教師・父母・行政が一体となって連携して……そういうことを聞くと、私はゾッとします。子どもたちはどこへ行っても、おなじ顔をした大人に向きあわされるのでしょうか。大人の言い分はおたがいに違っていていい。そのような異質性を抱えこまないシステムでは、情報生産性が逓減《ていげん》し、やがてグローバル・マーケットで淘汰される に至るでしょう。

学校を授業専一にダウンサイズ

もちろん、アメリカの教育がそんなにいいかと言えば、異を立てるために異を立てる人もたくさんいるし、これが過剰な攻撃性を生んでいることは、アメリカ社会の欠点かもしれません。どんな社会にも行き過ぎはあります。ただし、ありとあらゆる新しいアイデアは、百の異見のうち九十七がスクラップされた、残りの三つのなかから生まれるものです。価値のある少数の新しいアイデアを生みだすためには、泡沫をふくめた百のアイデアが構造的に生みだされるようなしかけをつくることが必要です。それは、知恵と工夫でできることです。

でも、現場の教師が個々の努力や善意でやっているのでは、もはや限界があるでしょう。制度がこれだけの同調性を組織的に再生産しているならば、それをどこかで根本的にひっくり返さないかぎり、つまり他人と「違うことがよい」というしくみを組織的につくっていかないかぎり、日本の高い人的資本率は、ムダ金、死に金、徒労に終わるでしょう。

学校はこのさい、授業という本分にみずからを徹底的にダウンサイジングするべきではないでしょうか。学校が分不相応に学校的価値を塀の外にまで垂れ流すべきではありません。知育・徳育・体育などと言いますが、徳育も体育も、生活指導も心の教育も、ましてや全人教育も、そんなものはやらなくていいから、ほんとうの知育だけをやればいいのです。

知育という限定された場で、必要なスキルのトレーニングをやったらいい。語学教育とかメディアリテラシーとか、望む人にはそれを与えればいい。そうなれば学ぶがわに、茶髪がいようがピアスがいようが、妊婦がいようが関係ありません。全人教育なんて、学校が思い上がるのもいいかげんにしろと思います。

学校がこんなに肥大化した状況がいいはずはありません。学校を分相応にダウンサイジングして、授業で勝負してほしいと現場の先生にも話すのですが、先生たちからはいつも反発されます。生活指導もやらないと教室が成り立たないとか、親から要求されるとか、さらには熱血教師をやることが習い性になってしまっているとか……。学校のほんとうの目的とは、なんなのでしょうか。

学ぶがわに教師を選ぶ権利を

このシステムのもっとも大きな被害者は、子どもや若者たちです。自分の自発性を潰され、やる気を失い、将来に希望をもてず、「なにかをやってよかった」という達成感を味わうことができない子どもたちです。達成感をいだいたことがないという点では、私が現在受けとっている東大の学生もおなじことです。

私はいまの教養課程の教育に不満をもっています。マスプロ教育で、しかも一方通行型の講義形式ですから、あれでは学生がせっかく大学に期待をもって入学してきても、がっくりきて五月病になるのは無理もありません。もし大学が少人数教育を売り物にするのなら、私は一年生からゼミに配属して専門教育を、と主張して、教養教育(リベラルアーツ)を支持する人たちと対立しています。

教養教育を主張する人は、専門教育を受けるまえに探索期間が必要だと言うのですが、探索期間があるということと問いを自分で立てて解いてみるということとは、けっして非両立的ではありません。専門教育を受けながら、同時に四年間にわたって教養教育も受けつづけるというオプションだって可能です。

私は三年生になって本郷に進学してきた学生に、「一年間で解けそうな、かんたんな問いを立ててごらん。自分で解ける問いを立ててごらん」と言います。人生とはなにかとか、日本の社会福祉をどう構築するかとか、とても解けそうもない大問題を立てない。とりあえず解ける問いを立てる。あれもやりたい、これもやりたい、と、いっぱい欲はあるだろうが、それを一つに絞らせる。やりたいことより、できることを。自分で問いを立て、それを自力で解く。そしてどんなにささやかなものであれ情報の生産者になる――私はこの経験を、学生たちにさせています。

知的ディレッタントと情報グルメになることだけは、ぜったい許しません。それではただの情報消費者です。そんな「情報コノスゥア（美食家）」になって、「ありゃたいしたことないよ」などといっぱし然とした口を叩くだけの人にはなってほしくない。そういう手合いはいくらでもいて、そんなディレッタントを私は育てる気はありません。どんなささやかなものであれ、情報生産者のがわに回ってほしい。その情報生産のノウハウを私は教えています。それを一年間、ワンラウンドやれば、こんどはべつな問いを自力で解けるようになります。だから探索期間をもつこととゼミに配属するということとは、矛盾しないと思うのです。

教養部改革と称して駒場では、「基礎ゼミ」というものが設置されました。これは名簿順に十五人ほどのクラスをつくって教師に配属するというものです。学生が教師を選べない。こんなバカなことはありません。

いまの教育が最悪な点は、学ぶがわが教師を選べないということです。授業は学校が提供する唯一の商品です。教師はそのサービス提供者です。学ぶがわは、いわば消費者です。教師を選べるという「消費者の権利」が確立されないかぎり、学校というシステムは変わりません。これは大学にかぎらず、小学校から導入されてしかるべきだと思います。

「生産財としての学位」と「消費財としての学位」

いま、大学院に社会人の入学者が増えています。私はそれをひじょうにいいことだと思っていますが、大学院教育の目的がプロの研究者養成だとすると、いま、研究者の就職先はハッキリ言って冬の時代を迎えています。たとえ博士号をとっても、大学業界に就職先はない。どこの大学にもオーバードクター(7)があふれています。

(7)　オーバードクター
博士課程(一貫性の大学院では博士課程後期)は通常三年間を年限とするが、三年で就職が決まらないと、「オーバードクター」として大学院に居残ることになる。こう書くとまるで落ちこぼれのようだが、現実には三年間で就職が決まる人のほうが圧倒的少数なので、大学院にはオーバードクターがあふれている。オーバードクターはアルバイトをしながら、博士論文を書いたり就職口を探したりする。「オーバー」という響きがなんとなくもの悲しい。

また、大学というところは年齢による序列をひじょうに重視するところですから、社会人学生出身の助手(8)が教授よりも年上だとマズイとか、給与体系が崩れるだとか、いろいろな理由があって、高い業績をあげても職業的な受け皿がありません。

大学院重点化の過程で就職保証の見通しがないまま、雨後のタケノコのごとく全国各地で、国公立・私学を問わず大学院の定員が増えましたが、私学などで就職の可能性がはじめからないところでは、学部からの学生よりも女性と社会人を優先的に入学させるというところさえ出ています。女性と社会人なら、大学が就職を保証できなくても言い訳がきくから、というのです。

私はそれを「学位インフレ時代」(9)と名づけて、大学院重点化(10)の結果として無責任な入学者受け入れが横行している、と批判したところ(「朝日新聞」一九九八・九・二二)、社会人の大学院生からご批判の手紙をいただいたことがあります。自分たちが長い職業生活のあと、やっと自分のために勉強を始めようとするときに、その出鼻をくじくようなことを教壇に立つものの口から言ってほしくない、と。私は一読して、まったくもっともだと思いました。

そこで考えたのが、「生産財としての学位」と「消費財としての学位」という概念です。これは生産財としての教育と消費財としての教育ということに、そっくりそのまま置き換えてもいいのですが、大学院教育の到達点は学位とされていますから、とりあえず学位を例にお話ししましょう。

学位をとることがそのあとの職業の手段になるとしたら、学位は生産財だということになります。しかし、手段にならないとしたら、学位を得ることじたいが自己目的になります。それが消費財としての学位です。

(8) 助手
二〇〇七年度から「助教」と改称。英語名 assistant professor となった。
(9) 学位インフレ時代
学位インフレーションはロナルド・ドーア（一九二五～）が命名。修士号・博士号の取得者が増えて、学位の市場価値が下がってしまう時代。ひらたく言えば、学位を持っていてもどこにも就職できない人が増加する時代。大学院重点化により修士・博士が構造的な供給過剰状態となり、今後本格的にインフレーションが起こると考えられる。すでに修士号の市場価値が下がっていることの証拠として、大学教員の就職応募条件に「博士号取得者あるいは取得予定者」がスタンダートになってきている。
(10) 大学院重点化
文部科学省（旧文部省）の主導で一九九〇年代から着々と進行している、大学院増設あるいは定員増加の動き。文科省は成熟社会にふさわしい高度の能力をもった人材育成のためと言うが、学位を取っても出口（就職先）がないという深刻な問題を抱えている。大学市場が学生数の減少で縮小する一方で、民間企業は学位取得者をかならずしも歓迎しない。東大大学院社会学専攻でも、「退院者」数よりも「入院者」数のほうが多いために、この数年だんだん院生が増える傾向にある。

もし、大学院生を教育の消費者、ユーザーだと考えたとき、生産財としての学位と消費財としての学位のどちらのユーザーのほうが、大学院教育にたいする要求水準が高いでしょうか。大学院で学ぶことが将来にたいする投資であれば、たとえ現在がつまらなくてもそれを耐えしのぶことはできるでしょう。しかし、大学院に行くことが現在にたいする投資であれば、「いま・ここ」で報酬がなければ耐えられないことでしょう。社会人の入学者が増え、彼らがはじめからそれで大学に就職しようなどと考えているのではなく、私が言うところの消費財としての学位や教育を求めているのだとしたら、そういう人が増えれば増えるほど、大学にたいする教育消費者の要求水準は高くなるはずです。

実際、「社会人教育」とか「より高度な社会人の養成」というふれこみで、社会人を大学院に迎えようとする趨勢《すうせい》が大学側に生じたときに、私は社会人のそのような高いニーズにこたえるだけのものを、いまの大学の制度とカリキュラムとスタッフが提供可能だろうか、それだけのクォリティをもっているだろうか、とうそ寒い思いでした。

社会人を満足させられない大学院教育

そこで私は、大学院に通ったことのある社会人にずいぶん取材しました。そういう人に会うたびにつかまえては、満足度はどうでしたかということを聞いてみた。そうすると、「若い人にまじって勉強するのが学生時代に返ったみたいでうれしい」とか、「学食（学生食堂）が新鮮」とかいろいろおっしゃるわけですが、そういう体験はどれも教育の周辺利益です。周辺ではなくて核心――つまり、学校という制度が提供できる商品は授業であり、学校という制度のインフラは教育者という人材とカリキュラムですから、それに満足できましたか、ということを食い下がって聞くと、私が大学側の人間だということに遠慮してか、返事があいまいになっていく。

それから単位のために、自分が専門としたい科目以外も履修しなければならないのですが、それについては「未知な世界にふれて新鮮だった」とか、「ここにいなければ知らなかったことを学べた」とかおっしゃるけれど、さらに食い下がって、それはあなたがほんとうに知りたかったことですかと聞くと、苦笑いをなさいます。

私も歳をとってきて、自分の時間やエネルギーなどの投下資本に限界があるということがハッキリわかってきたので、それなりのコストを投下したときに自分が納得できるだけの報酬がないと、こんなことはやってられないと思うでしょう。修士課程は二年間、博士課程はさらに長く、学位をとるために大学という場所で、資本と時間とエネルギーを使います。

ある私学の大学院の授業料は年間百万円だそうです。二年間で二百万円。それだけの金を使って修士号をとられたあるかたが、「私は修士号をとりましたが、そのための投資の二百万円に見合うとは思えません」とハッキリおっしゃいました。投下したものは授業料だけではありません。そのほかに時間だってある。これが三、四十代の働き盛りの人だったら、不満はもっと高いでしょう。大学に来ている時間は収入ゼロではないのです。それどころか、働いていれば得ていたであろう逸失《いっしつ》利益がある。それもふくめた資本投下を考えたら、要求水準が高くなるのはあたりまえです。そういう社会人の学生を満足させるに足るだけの教育カリキュラムの準備が、いまの大学にあるとはとうてい思えません。

実際、たとえば経営系の大学院で、最初から社会人をターゲットにしたコースがずいぶん増えたのですが、このところ学生募集は頭打ちの状態だと聞きました。

大学院に社会人向け経営学コースが誕生したのは、アメリカのＭＢＡ（経営学修士）(11)人気のせいもあるでしょう。これまで日本の企業や役所からも、ずいぶん多くの人がアメリカのビジネス・スクールに派遣されていますから。

これは余談ですが、私はなぜ日本人がわざわざアメリカにＭＢＡを取りにいくのかわかりません。アメリカだとＭＢＡを取れば、確実にそれが評価と収入に結びつきます。ＭＢＡのある人とない人とでは、初任給が倍どころか四倍ぐらい変わる。だからみんなキャリアアップをかけて、自費で、死にものぐるいで取りにいく。

日本人は自費よりも企業派遣か官庁派遣が主です。そして資格を取ってきても賃金が変わらない。資格が査定評価に影響しない点では、日本社会はそのじつメリトクラシー（資格社会）ではありません。さまざまな実務やインターンシップをふくみこんだカリキュラムをビジネス・スクールは提供していますが、もともと日本の企業はそれを日本に応用可能なものだとも見なしていないようです。

ならば、なんのために二年間のMBA留学に派遣するのか？　それはある種の休暇であり、語学力への投資であり、そして人脈をつくってこい、ということなのでしょう。現地では、ほぼ同世代の官公庁や他企業・他業種の人たちのあいだに、ひじょうにつよい〝同期の桜〟的連帯感ができて、これが生涯にわたる人間関係資源になります。きわめてぜいたくな投資なのです。

（三）MBA（Master of Business Administration）
アメリカなどの経営大学院（ビジネス・スクール）を修了すると取得できる修士号。アメリカではMBAはビジネス・エリートの証として就職・給与に直接反映するので、きわめて市場価値が高い学位である。日本の大企業もはやくから社員をビジネス・スクールに派遣しており、私費留学もふくめると毎年五〇〇人前後の日本人MBA取得者が誕生している（このうち一割が女性）。日本の社会人大学院・夜間大学院でもMBAを取得できるところがある。しかし日本ではアメリカと違い、MBAを取ってもそれが就職や給与に直接反映するわけではない。

ところが、企業に余力があるあいだはよかったが、不況で金がなくなると国外のMBA留学に送りだすということができなくなりました。ちょうどそこにつけこんだのが日本の大学院重点化で、私学が「なにも外国にお出しにならなくても、国内でも提供できます」と、カリキュラムを開発した。社会人向けのコースをつくり、アフターファイブコースとか都心の出張クラスとか一年コースとか、いろいろ工夫をしました。

当初は企業もおつきあいで学生を送りこんだのでしょうが、大学院で学んだからといってその人材がバージョンアップしたかというと、現実にはとてもそうは言えない。不況で余裕も失って、おつきあいもたいがいに、というのが目下の実情でしょう。

学校は「わかる」快感を提供できるか

いまの大学院が、社会人のニーズにこたえるだけのものを提供できているとはとても思えないのに、それでも大学院の教育にガマンすれば、生産財としてのちのち意味をもつとか、院を出れば明日から就職の機会が増えるとか、賃金が確実に上がるのならともかく、つきあいと義理だけではとてもやってられないという判定がほぼ下されつつあるようです。それならば、逆に消費財としての学位や教育ということに、これからいよいよ目を向けるべき時期でしょう。

遙洋子(12)さんが超多忙なタレント生活のなかから私のゼミに通って、そこで得た最大のメリットは、知ることとそのこと自体の喜びを味わえたことだったと、『東大で上野千鶴子にケンカを学ぶ』(筑摩書房、二〇〇〇年／ちくま文庫、二〇〇四年)で書いています。

私は研究者の最大の報酬は、頭の天井がスポーンと抜けるというか、「わかった!」「見えた!」という快感だと思うのです。この快感が最大の報酬。ある種のドーピングみたいなもので、これがあるからどんな不遇な目にあおうが研究者はやめられない。理科系・文科系を問わないと思いますが、そのような知の快楽というものを味わわせてくれる場の提供がなければ、アホらしくてやってられないでしょう。「消費財としての教育」はあくまで現在志向ですから。

それをいまの学校はほんとうに提供してきたでしょうか。授業の満足度がほんとうに

(12) 遙洋子(はるか・ようこ)
タレント、作家。一九八六年、上岡龍太郎と司会を担当した番組「ときめきタイムリー」から本格的にタレント活動を始める。九九年度の上野ゼミに参加し、その体験を記した『東大で上野千鶴子にケンカを学ぶ』を出版、ベストセラーになる。その後もフェミニスト・タレントとしてテレビで活躍しつつ、『結婚しません。』(講談社・二〇〇〇／講談社文庫)、『介護と恋愛』(筑摩書房・二〇〇二／ちくま文庫)など、精力的な執筆活動を行なっている。

高いか。教師は授業で勝負できているか……ということを考えていくと、判定結果はひじょうにきびしいものにならざるをえません。

私はいま、たまたま大学や学位について言いましたが、小中高大ぜんぶとおして学歴が生産財になっているからこそ、あんなつまらない授業に子どもたちはガマンしています。しかし、学歴が生産財としての機能をもたず、ガマンするいわれがなくなったとしたら？　いまが楽しくない学校にだれが来るでしょうか。

「子どもたちは学校をおもしろいと思って来ていますか」と問うと、ある先生が「うちの子たちは学校へ来るのが楽しいと言ってます」と答えて、挙げた理由が、放課後のクラブ活動だったり友だちに会えることでした。語るに落ちるとはこのことです。授業はハナから問題にされていないのです。学校という制度が提供する最大の商品である授業で勝負できなくて、学校は、そしてその商品提供者である教師は、これからどうするのでしょうか。

学歴が生産財化したのが近代という時代です。学歴が階層のふるい分けの手段になったから、いい会社のためのいい大学、いい大学のためのいい高校、いい高校のためのいい中学……と溯及《そきゅう》して、教育が手段になりました。みんな「～のための」という手段です。手段になれば、その質なんてどうでもよくなります。

一昔前、大学教師と財界人がパーティーで出会った。教師が「大学はいまやレジャーランドで、学生は勉強しません」と嘆いてみせると、財界の人が「それでいいのです。下手な知恵なんかつけずに白紙で送りこんでください。あとはわれわれが教育しますから」とこたえたとか。七〇年代のエピソードですが、学校歴だけが問題になって、そこでなにを学んだかは問題ではないのです。小学校は中学校のため、中学校は高校のため、高校は大学のためでやっていれば、教育の質をこれまで教師という教育サービス提供業者は問われずにきた、ということではないでしょうか。それでよかった時代は終わりました。

学校に来たい人は全員、入学させればいい。高校全入、大学全入でOKです。そして何年かかってもいいから自分で少しずつ単位を集めるとか、複数の大学で単位の互換性を進めるとか……。学校をそういう制度にしておけば、学問は愉しみのための消費財となり、学校とはなんの役にも立たないことを好きだからやる物好きが行くところ、となったかもしれません。そのとき学歴は差別化の価値をもたなくなるでしょう。

学問も知的快楽を求める芸事のひとつ

学校や学問がとらわれている知的権威主義から少しでも自由になるために、学問も学芸という芸能・芸事のひとつに立ち返ればいいと思います。それで食おうとか、人さまのまえでパフォーマンスして自慢しようというのでなければ、ようするに旦那芸の世界ですから、自分がやって楽しければそれでいい。同好の士が集まって仲間どうしで褒めあえばそれでいい。発表会には、ご祝儀をもってきてもらうのではなくて、こちらがお弁当とお菓子を用意してお招きする。これは究極の「道楽」です。

学問というか学芸も、あまたある芸能・芸事のひとつだと思えば、これがなかなか奥が深くて楽しみが多い。世のため人のために役に立つというような欲やあがきを捨てれば、こんな楽しい世界はない。そういう点で、私がながく暮らした京都は芸事のノウハウの宝庫でした。

高齢社会とポストモダン(13)は「京都の時代」だと思います。高齢者には備えるべき将来はありません。ポストモダンとは、未来という進歩の神話が破産した時代です。目的を失った社会にとっては、現在がいちばん大事。人生とは死ぬまでの時間つぶしだとしたら、その時間をできるだけていねいに、現在における価値を重要視してつぶしていくのに、芸事はもってこいです。だから、高齢社会とポストモダンは「京都の時代」。

私は以前、「時間持ちと時間貧乏」という調査をやったことがあります。金持ちではなくて時間持ちです。お金の場合、可処分所得が多い人が金持ちで、どんなに金がはいってても、いやおうなしに金が出ていく人は金持ちとはいえません。同様に、「可処分時間」の高い人が時間持ちだと考えると、たしかに高齢者は可処分時間が多いので、時間持ち候補ナンバーワンでしょう。

しかし、可処分時間が多いだけでは時間リッチとはいえません。可処分時間をいかにつぶすか、それを時間持ちの達人、七人にこくめいな聞きとり調査をやりました。すると、じつにあざやかな発見が二つ、明らかになりました。

一つは、「時間はひとりではつぶれない」。時間はだれとつぶすかで決まります。ひとり遊びをするのは、よほど肚《はら》が座って力量がある人でないとできません。ひとり遊びはだれにでもできる芸ではないのです。

もうひとつは、「時間はひとりでにはつぶれない」。時間をつぶすにはノウハウとスキルがいります。ノウハウとスキルには子どもも時代に親から教わったり、親が学ぶチャンスを与えてくれたりした、音楽であれスポーツであれ、そういう素養が大きな役割をはたしていることがわかりました。趣味を身につける機会があったかどうかが、時間つぶしにものすごく効いていて、しかもそういうスキルは、おいそれと一夜漬けで身につく

(13) ポストモダン
ジャン＝フランソワ・リオタールの『ポストモダンの条件』(一九七九)によって一般化した概念。「近代」を支えていたさまざまな「大きな物語」が失効した後に登場する、新しい時代状況のこと。「真理」やそれをゴールとする「進歩」という思考法が時代遅れとなり、共約不可能な差異の戯れ・抗争のみが残される。差異にたいする感受性が要求されるという点で、消費社会・情報社会はポストモダン的である。

ものではありません。

調査のなかでとてもおもしろかったのは、時間持ちの達人たちは、「初期投資は高いが一回あたりの支出は少ない」時間消費をやっているとわかったことでした。対照的にそうではない人たちは、「初期投資は不要だが、一回あたりの支出は高くつく」レジャー活動をやる傾向がありました。

具体的にいうと、後者はたとえば家族四人でディズニーランドへ行って一日遊ぶというもので、初期投資はありませんが、六千円だかの入場券かける四人の支出がかかります。安い金額とは言えません。

それにたいして前者は、たとえば、四輪駆動車をもっている歯科医が友だちと息子を連れて元旦に富士山へ行き、スキーで初滑りを楽しんでくるというような例がありました。夜中に出て車中で仮眠をして五合目まで行って滑って帰ってきて、使ったのはガソリン代だけです。ひじょうに安上がりですが、そのまえには四駆のクルマとかスキーにたいする長い期間の投資が先行しています。

そして、どちらがリッチな時間つぶしかといえば、言うまでもないことです。時間持ちの達人たちはそういう遊びをしていることがこくめいな調査でわかりました。そうなると相手とノウハウのない可処分時間は地獄——これをイメージ的に言うと、友だちがみんな実家に帰ってしまったあとの独りモンの正月、となります。

大学も、そういうリッチな時間つぶしの場になればいいのです。昔、遠山啓(14)という人が、学校は「自動車学校タイプ」と「劇場タイプ」になるべきだ、と言ったそうですが、言いえて妙だと思います。自動車学校タイプは技術教育です。ITリテラシーでも語学でも、学ぶ必要のある人が、八歳の子どもであろうと五十のおじさんであろうと、ひとつの教室で学べばいい。他方、劇場タイプの学校は、消費財としての教育を楽しみにいくところです。

いま、大学再編のなかで、人文系の学問はリストラの対象になるのではないかと危機感がいだかれています。哲学などがリストラの筆頭に挙げられますが、哲学にはずっと需要があります。なんの役にもたたない問い――自分とはなにかとか、なんのために人

(14)　遠山啓（とおやま・ひらく）
一九〇九～七九、熊本県生まれ。理学博士、数学者。東京帝大で担当教官と衝突して退学、東北帝大に移るところから「肥後もっこす」としての反骨・反権威の姿勢は生涯を一貫した。戦後、娘の算数教科書の低劣さに憤慨、五二年に数学教育の改良をめざす数学教育協議会を創立し水道方式を提唱、文部省の指導要領に対抗する民間教育運動をリードした。七二年に教育雑誌『ひと』（太郎次郎社）を創刊。つねに学ぶがわから発言し、落ちこぼれではなく「落ちこぼし」、子どもを点数でのみ見る「点眼鏡」など、造語の名人。教鞭をとった東京工大では教え子の吉本隆明・奥野健男に影響をあたえるなど、文理の諸学芸に通じた最後のルネサンス型文化人でもあった。「自動車学校型・劇場型」の話は、『競争原理を超えて』（太郎次郎社・一九八〇）に見える。

生があるかとか、そういう問いを抱えてそれに向きあいたいと思う人はいつの時代にもいますから。

学問も学芸・芸能の一種だと考えたら、どだい芸能というものはすべてなんの役にも立たないものです。しかし、芸能には芸能の、人生を豊かにするという存在意義がある。「それがなんの役に立つのですか」という問いは、学芸の楽しみを求める人には、そもそも禁句というものです。

自分だけの問いを探究しつづける

上野ゼミでは、いろいろな人がいろいろな研究をやっています。

私自身は主婦研究者として出発しました。主婦研究者とは、主婦をやりながら研究している人間のことではなくて、主婦を研究テーマにする研究者のことです。二十五年まえには女性学というものがまだこの世になく、主婦を研究テーマにすると言えば、「そんなもの学問の対象になるのかね」と言われかねなかった時代です。

それから約四分の一世紀、東京大学では九〇年代に「主婦の比較社会学」というテーマで社会学博士が誕生しました。主婦研究が学位論文になる時代が来たのです。それから、「セクシュアリティ(15)の歴史社会学」というテーマで博士号を取得する人が現われました。この研究者はオナニー(16)専門家です。オナニーを専門にやっている人、ではありません。オナニーを専門に研究している人のことです。

この人はフーコー派の言説分析の手法を採用して、日本の歴史のなかで「せんずり」から「自瀆《じとく》」「自慰」へと、近代百年のオナニーにかかわる言説の編成がいかに変わっていったかを歴史社会学的に研究した、ひじょうに優れた研究者です。主婦研究でもオナニー研究でも、東京大学の博士になれる。いい時代が来ました。

(15)　セクシュアリティ
性にまつわる諸現象のこと。「性的欲望」と訳されることもある。セクシュアリティは「自然」「本能」であると見なされがちであるが、ミシェル・フーコーが『性の歴史』全三巻（一九七六～一九八四）で明らかにしたのは、「自然」や「本能」としての「セクシュアリティ」の概念そのものが「近代」の産物であり、したがって歴史学的研究の対象になるということであった。近年、日本でもフーコーの流れをくむセクシュアリティ研究が活発になってきた。

(16)　オナニー
マスターベーションのこと。自慰、自瀆と訳される。近代以前にはオナニーはあたりまえのことであったが、近代に入ってからは慎むべき害悪としてとらえられるようになった。このようなオナニー言説の変化がどのような要因によって成立したのかを探るのが、オナニーの歴史社会学である。一般にはそんなものが研究対象になるのかと思うかもしれないが、オナニーは現在のセクシュアリティ研究のなかで重要な位置を占めている。参考文献は赤川学『セクシュアリティの歴史社会学』（勁草書房・一九九九）。

しかし、東大の大学院生だからといって、かならずしも大学に就職できるわけではありません。不安はいっぱいだし、第一、自分が研究者としてモノになるかどうかわからない、ストレスフルな日々を送っています。でも、モノになるかどうかという未来から逆算すれば現在が不安でいっぱいになるけれど、私は学生たちに「君たちはぜいたくな人生を送ってるんだよ」と言っています。彼らにはこれをやれと命ずる上司もいない。どこのだれにも気兼ねなく、頼まれもしないことを自分の研究テーマとして選んでいるのですから。

私だって、マルクス主義フェミニズム[17]や主婦論を、べつにマーケティングをやって、ここが穴だから売れると考えてやってきたわけではありません。自分が抱いた謎を解きたい一心で、だれにも頼まれないことを、勝手にやってきただけのことです。私にとって学校とは、そういうことを許してくれる場所でした。そして、自分の抱いた謎が解けたら、頭のてっぺんで天井がスポーンと抜けるようなものすごい快感があるわけです。研究者とはハッキリ言って社会的地位も経済的な報酬も低いみじめな職業ですが、なぜやっているかといったら、その快感があるからでしょう。

それでも、こんな就職浪人のような状態では、ここまで育ててくれた両親に申し訳ないと思う学生には、私はいつも「子は三歳までに親の恩を返す」と言います。これはすばらしいことわざです。子どもは三歳まではほんとうに無垢な生き物で、その無垢な生き物が懸命に日々を生きていて、目のまえで目覚ましい変化を遂げて天使のように笑ってくれる。それで十分、親に恩を返しているのだから、これ以上、重荷を背負わなくていいよ、と。東大生は、やはり親の期待の重さにうちひしがれていますから。就職の保証はなくても、自分自身の楽しみのために生きようと生き方を転換したら、優等生シンドロームからは卒業できます。

知育限定の「小さな学校」でたくさんだ

私はいま、「小さな政府」「小さな学校」ということを唱えています。大きな政府など、もういらない。大きな政府を望むのは、政府に信頼をもつ国民だけです。日本政府にだれも信頼などもたないから、こんな政府に巨額な税金を預けるつもりはまったくない。構造改革に、大きな政府という選択肢はもはやない、というのが私の考えです。おなじく大きな学校もいりません。小さな学校でたくさんです。知育・徳育・体育などといわず、学校は分相応に知育だけをやればよい。学校的価値を分相応に学校空間に

(17) マルクス主義フェミニズム　一八七ページ注4参照。

閉じこめて、その価値は多様な価値の一つにすぎないという異なるメッセージを、制度的に保障していくしくみをつくるべきだと思います。

それは多元的な価値をつくり出すことです。学校ではない空間――「共」の空間を生みだすことにつながります。「共」もしくは「協」の空間とは、パブリックでもなくプライベートでもなく、コモンな空間のことをいいます。子どもたちには、家庭でも学校でもない、コモンの場が必要です。

私は、推薦状を書いてくれという学生には、私の目から見えるあなたは教室で見るあなたでしかない、推薦状を書いてほしければ、自分はこんなオフ・キャンパス・アクティビティをやっているという「ウリ」を持ってきなさい、と言います。学校でもない、家庭でもない、それ以外の場で、私はこんなことをやっている、そういう「ウリ」を、私の目には見えないから自己申告をしなさい、と言っています。

多くの高校では、アルバイトを禁止するのが通例ですが、私に言わせれば言語道断です。アルバイトこそは、彼らが学校でもなく、家庭でもなく、社会という現実のきびしさに触れる最大の学習の機会です。ここで不幸な経験をしたとき、どのようにして自分を守るかということを、もし教えるとしたら、それこそが学校と教師の役目であって、禁止することが学校の役目ではありません。

最近の学生を見ていてここ十年感じるのは、偏差値一流校から四流校まですべてのレベルの学生を通じて、長期的な幼児化の傾向です。この幼児化は、生活体験の狭さからきています。学校と家庭、プラス塾・予備校、それ以外の空間を知らない。それ以外の人間関係を知らない。しかもこの三つは、いまや学校的価値で一元化されています。それ以外の価値、それ以外の生き方、それ以外の生存戦略を知らないのです。

不況で企業が社員に不渡り手形を出すような時代には、どんなに状況が変わっても生きのびていける多元的価値観――こちらがダメならあちらがあるさ、あちらがダメならこちらがあるさ、という生存戦略を、偏差値優秀校であれ四流校であれどんなレベルの学校でも、学生に身につけさせてやることが必要だ、という使命感を私は感じてきました。とりわけ偏差値四流校といわれるところにいたときには、彼らには知識ではなく生きのびる知恵をつけてやるしかないと思いながら、現場に立ってきました。

いま、企業はリストラの波を受けていますが、学校制度は近代の生んだ制度として、これから遅れてきた変革の波を迎えることでしょう。その波のなかに教師も翻弄されていますが、子どもや若者たちも、生きていかなければならないのです。

次章では、そのための知恵をどう身につけるか、授業でそれはどこまで可能か、私自身の授業実践からお話ししたいと思います。

5 授業で生存戦略、教えます

どんな状況でも生きていけるか

人間にはだれにも、生きのびていこうという意志があります。幼児だって、自分にとって居心地のいい人をさがして、大人たちのあいだを渡りあるくものです。そうした生存戦略を可能にするのは、知識でも教養でもない、知恵です。

自分にとってなにが居心地がいいのかは、自分にしかわからない。それを自分で探索する能力、調達する能力を知恵とよぶならば、私は偏差値三流校、四流校で教えていて、この学生たちにつけてやらないといけないのは、知識ではなくて知恵だと思いました。

偏差値身分制の最底辺におかれた彼らは、大卒の看板が人生のライセンスにはけっしてならないことをよく知っています。その不利な立場は、教養を身につけさせてやることで逆転できるでしょうか？　はなからムリな相談です。なにしろ四流校の学生は、活字を読む習慣がありません。本や新聞の学芸欄など、まず読まない子たちです。情報量はおそろしく少なく表層的で、テレビで流行していることくらいしか、情報としてもっていない。そんな彼らが知識や教養を身につけて、それで世間を渡っていける可能性は少ないでしょう。

しかも、知識や教養を身につけさせてやろうと教師が一方的に努力することは、彼らにとって抑圧にしかなりません。学校知の覚えが悪いことで、彼らはこれまで切り捨てられ、おとしめられてきたのですから。

だとしたら、教師の私にできることは彼らに知識や教養を伝えることではなく、どんな状況にあっても生きていける知恵を身につけさせることだと思いました。そのために「フィールドワーク」という実習のコースを担当しました。そこで学ぶことは、自分の目と手と経験からつかんだ情報をもとに、それを分析して、そこからなにかの解をつかみ取っていくノウハウです。借りものの情報ではなくて、自分の目と経験から得た一次情報を処理して、それを新しい情報に転換していく、情報生産の技術です。

そのためには教科書はいらない、人の名前もいらない、まえもっての知識もいらない。授業に来て、週に一回ワークショップ型の授業に取り組むことがスタートです。九十分では足りないから、二コマぶち抜き三時間の授業を組んでもらいました。宿題はなし。

その三時間、せいいっぱいテープをとり、インタビューに出かけ、写真を写し、ビデオカメラを回し……身体を動かして、自分にとって意味のある情報を自分の手で獲得し、それを分析して新しい情報を生産する訓練をくり返させたのです。教師の私にできることは、そうした情報生産のノウハウを伝えることでした。

教えるということでなにを伝えることができるのか。私は、私の問題を解くことができますが、けっして他人の問題を解いてあげることはできません。しかし、私には「私の問題の解き方」を伝えることはできます。私がある考えやアイデアに到達するプロセスには、だれにでも応用できる可能性——汎用《はんよう》性があるかもしれない。もともと学問というのは方法論ですから、だったらそれを伝えましょう、というところに教師の役割を限定したのです。ゆめにも全人教育をほどこそうなどと、だいそれたことを考えたことはありません。

「小さな問題」から取り組んでみる

私が受け持っていたのは、人文学部の社会調査法という授業でした。その偏差値四流校こと京都精華大学では、海外のいくつかの大学と姉妹校の提携をしていて、私の社会調査法の授業を二年次にとって実習した学生たちは、三年で海外へフィールドワークに出ていくシステムでした。

彼らが出かけるフィールドは、情報に満ちみちています。しかし、その情報は渾沌としています。この渾沌としたフィールドのなかからかたちある情報を拾うには、それなりの方法や技術が必要です。この方法を学ぶのが、社会調査法の授業でした。

情報とは何でしょうか。ある人にとってあまりにもあたりまえのものは情報にはなりません。かといって、あまりにも異質度が高いものも認知的不協和——私はそんなこと知りたくもない、という選択性難聴の一種を引き起こし、情報としてひっかかってきません。情報とは、自分にとって自明のものと異質度の高いものとの「あいだ」から、その「落差」から、生まれます。

このあいだをファジーゾーンといいますが、このファジーゾーンの広いほうが、情報量はより大きくなります。しかもファジーゾーンは、一方で自分が自明と思っていることをもう一度問いなおすことで、他方で自分にとって異質なものにたいしてみずからを開くことで、拡大することができます。

授業は半年間のカリキュラムのなかで毎週三時間、まずフィールドワークとはなにかというガイダンスを行ない、つづいてKJ法(1)による情報処理の実習、インタビューの実習を数回、資料の収集の仕方、図書館の使い方を学び、そして自由研究——キャンパス内ではなくて外へ出て情報をとってくる調査をやって、その結果をまとめて分析し、最後にその報告会をやるというように組みました。

創始者・川喜田二郎(2)さんの名前にちなむKJ法は、「こんなもののなかに共通の道筋が見えるのだろうか」という渾沌のなかから情報を立ち上がらせるにはかっこうなデータ処理法です。問題意識の発見や共同討議の方向づけなどに広く用いられ、自分にもよくわからない不定形の、五里霧中の情報をまとめ、整理していくにはとても適しています。やった学生自身が、最初おさまりのつかなかった、てんでバラバラだったものが筋道だち、そこから「情報」が立ち上がってくるプロセスを経験していきました。

ガイダンスや調査のノウハウを伝えながら、私は学生にこう言いました。「いずれ、クラスやキャンパス内での実習が終わって、オフ・キャンパスでの自由研究が始まるよ。だから、課題を自分たちで見つけなさい。もし、その課題が複数の人と共有できるならグループを組んでもかまわないし、どうしてもいやなら一人でやってもいい。妥協する必要も迎合する必要もいっさいない。なんでも好きな課題を選びなさい」。

そう言って、本人がやりたいと言ったものはそれがどんなテーマであっても、百パーセント、OKしました。

ただ私は、大問題とか、はやりのそれっぽいテーマとかをもってきたときには水をかけます。たとえば、エネルギー問題とか環境問題とかをもってきた場合、「切り口は?」「データはどうやってとるの?」「一次データはあるの?」と、じわっと聞いていく。すると学生がしどろもどろになるから、「できるの？　半年でできへんやろ。やめときなさい」と言うのです。

できるだけ自分の能力の限界をわきまえてやることが大切です。自分が直接、向きあえる、取り組めることだけをやったほうがいい。そのほうが情報の収集から生産までのワンラウンドをとおして経験することで、達成感が味わえます。ですから、学生が言ったことは全部ＯＫするといっても、「限られた能力と時間なんだから大問題を出さない

(1)　ＫＪ法

経験的現実から筋道だった情報を生産するための技術。提唱者・川喜田二郎のイニシャルからこう呼ばれる。具体的には以下の手順で行なわれる。(1)自分が考えたり観察したこと、あるいは相手が話したことなどを一事項単位で小さなカードに記録する。(2)カードに書かれた事項の親近性にもとづいて（親近性の判定は各人の基準でよい）グループにまとめてマッピングする。(3)それぞれのグループの相互連関（対立・相関・因果関係など）を考えて、(4)全体を整理・統合する。参考文献は川喜田二郎『発想法』（中公新書・一九六七）、『続・発想法』（中公新書・一九七〇）。上野ゼミでは例年、演習あるいは番外編（課外授業）でＫＪ法の実習を行なっている。

(2)　川喜田二郎（かわきた・じろう）

一九二〇生まれ。文化人類学者・探検家。南洋諸島・ネパール・東アジアなどを調査し、民族地理研究を行なった。また野外観察の方法の確立をめざし、ＫＪ法を考案した。ＫＪ法学会を設立。現在、ＫＪ法本部・川喜田研究所主宰。

ほうがいいよ。小問題を出しなさい」ということは言いました。

学生の考えつくことはたわいもないことで、「クリスマスの過ごし方」「おカネと愛情はどちらが重い」というように、そのときどきの風俗や流行に流されるし、「人文学部と芸術学部との学生ファッションを比較する」といった安直なテーマもありました。「ダイエット」をテーマにしても、拒食症というところまで深まっていくわけではありません。でも、私はなにも言いません。また、自分の問題ではなく、世間やマスコミが問題だとしていることをあたかも自分の問題だと感じて取りあげる（それを疑似問題といいます）場合も少なくありません。

ただ、私が徹底して言うのは、「問題など、どこにでもころがっていて、それはなんでもいい。私はノウハウだけを教えます」ということです。つまらない課題を設定して、つまらない答えしか出てこなくても、それは彼ら自身の問題です。私はいっさいテーマの価値は問わないし、押しつけもしません。「ただし、ノウハウを身につけようと思ったら、動機づけがないと身につかないから、自分にとって切実な問題を選ぶほうが、ノウハウは結果的によく身につくよ」ということは言いました。

自分でつかんだ発見だから納得がある

ノウハウはニュートラルなものですから、ほかの問題にも応用がききます。いちど身につければ、彼らはそれを今後もずっと使っていくことができるでしょう。

たとえば、ファッションとかダイエットとかいった問題を扱うときに、「新聞や週刊誌を切り抜いてきて、マスメディアの情報を再合成するのではなくて、自分でとってきた一次データだけでものを言いなさい」と要求します。そうすると、つまらない問題からでもささやかな発見があるのです。ささやかな発見でも、自分でつかんだ発見だから、そこに本人の納得があります。

あるスポーツ好きな、あまり勉強好きではない学生が、自由研究のときにひじょうに単純な調査を考えつきました。テーマは、「理科系男と文科系男の恋愛観の違い」。日ごろ、自分の周囲にいる遊び仲間の理科系男と文科系男の行動様式がひじょうに違うという直観から出発して、それを経験的に調べてみたわけです。

彼のいたクラスで、その問題に共感する子がほかにいなかったので、彼は一人でそれをやりました。ところが、単純な調査ですが、ものすごくおもしろい結果がわかったのです。

彼はつぎのような問いをいくつか出して、まわりの学生四十三名（文系・理系半々）に聞きました。それにたいする答は、つぎのようなものでした。

★女性といっしょにしたいこと
文系　セックス―43パーセント　理系　わからない―45パーセント
★女性のいちばん気になるしぐさ
文系　髪をいじる―23パーセント　理系　とくになし―45パーセント
★女性の身体でいちばん好きな場所
文系　目・瞳・顔―62パーセント　理系　胸・性器―50パーセント

文系男の場合は、女性の目や顔というように、人格に関与するファクターが出てくる。理系男は胸と性器が出てくる。女性との接触がなければないほど性的対象化がはげしく、女性を性的な身体のパーツに還元する傾向があることがわかります。他方、女性との接触が多いと、人格的なファクターがはいってくる。

はっきり言って文系男と理系男とでは、女性との接触度が断然、違います。「女性との接触度が少ない人たちが、女性にたいする幻想を強固に保持しており、しかも女性にたいする恐怖心をもっている」ということが彼の発見でした。

じつにかんたんな調査ですが、データを読みといていくことによって、発見を見いだすことができます。こうやって毎週三時間、ワークショップ型の授業を受けるなかで学生たちは、「先生の授業、疲れるわ。こんなに頭使うことあれへん」とこぼしたものでした。宿題もなにもないかわりに、教室に来たら三時間、私にちゃんとつきあえよと言ってある。「あんたらほかの時間には頭使ってないのか」と。

しかし、この調査をやったあとで彼が私の研究室にやってきて、「先生、ぼく、頭の使い方、覚えたわ」と言うのです。「それまで知らなかったの?」と聞いたら、「ぼくは頭をもっていたけど、使い方知らへんかっただけや」と言いました。それは忘れがたいセリフでした。「ぼくアホやった」とは言わない、プライドのある言い方です。自分には頭はあったが、使い方を知らなかっただけだった、と。

一次データから情報を絞りあげる

KJ法の実習についてお話ししましょう。

自由研究に取り組むまえに学生たちは、一次情報をとる実習として、クラス全員でおたがいに相互インタビューをしあいます。「私はいまどうしてここにいるの?」というテーマで、京都精華大学への入学動機を聞きとりするというインタビューです。そして、おたがいのライフ・ヒストリーを聞きあってデータ化し、それをいくつかのテーマに分けます。「浪人の経験があるか」「大学に抱いていたイメージはどんなものか」「学費はだれが払ったか」「大学でしたいと思っていたこと」「高校時代にもっていた将来の夢」

「現役か浪人か」「入学まえ見学会にきたかどうか」などといった項目を十数項目たてて、この項目にそってたがいにインタビューしあいます。

インタビューがすむと、そこで得られた回答のデータ（これが一次情報ですが）をカードにします。たとえば「将来なりたい職業は」であれば、「レコード店をもちたい」「大学卒業後に地元に戻る」「英語に関係した仕事ができればしたい」というようなぐあいです。一人の回答者から何枚ものカードがとれることもあります。カードは一つの項目につき百枚ずつくらいになります。

それを項目別に担当者を決めて持ち帰らせ、大きな台紙のうえに広げて「カルタ取り」をしながら、そこからなにが読みとれるか、ああでもない、こうでもない、と「一人KJ法」をやるわけです。カード全部を台紙に貼ってマップにしたうえで、このマップのうえに発見したことを書きこんでいきます（次ページ参照）。

たとえば、「高校時代の将来の夢」という項目をマップにした担当者がいます。百枚近いカードのなかから「高校のときから新聞社へ就職したいと思っている」「大新聞社より地方を希望」「記事を書きたい」といったカードがグルーピングされ、台紙のうえに貼られています。

ところで、個々のカードにはインフォーマント（情報提供者）の性別と学年だけは最低の情報として書きこまれていて、このカード群は全部、男性のカードであるというこ

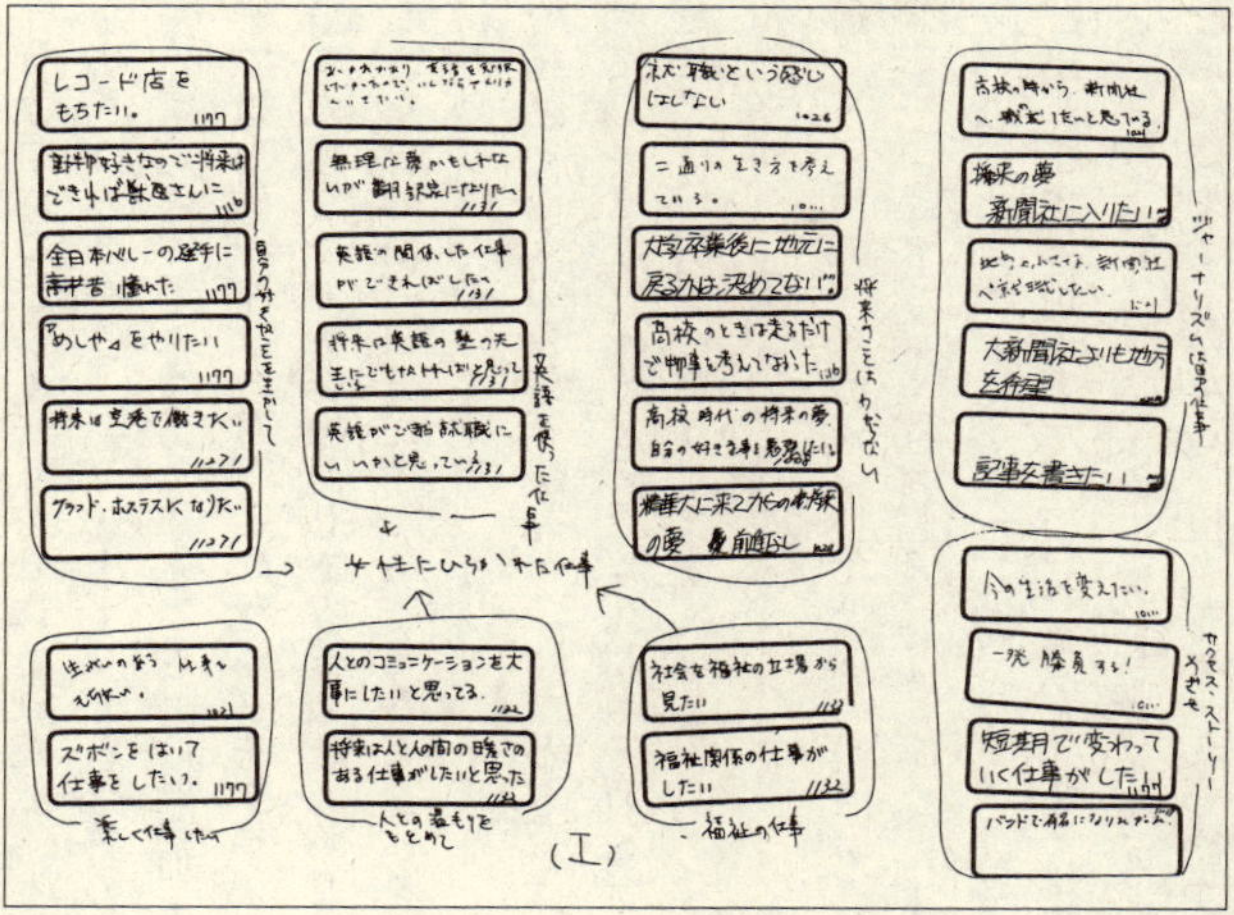
レコード店をもちたい。
動物好きなので将来はできれば獣医さんに
全日本バレーの選手に憧れた
『めしや』をやりたい
将来は空港で働きたい
グランド・ホステスになりたい
英語の関係した仕事ができればしたい
英語が必要な就職にいいかと思っている
英語を使った仕事
就職という感じはしない
二通りの生き方を考えている。
大学卒業後に地元に戻るかは決めてない。
高校のときは走るだけで仕事を考えてなかった
将来のことはわからない
高校の時から、新聞社へ就職したいと思ってる。
将来の夢 新聞社に入りたい
大新聞社よりも地方を希望
記事を書きたい
ズボンをはいて仕事をしたい。
楽しく仕事したい
人とのコミュニケーションを大事にしたいと思ってる。
将来は人と人の間の暖かさのある仕事がしたいと思った
社会を福祉の立場から見たい
福祉関係の仕事がしたい
福祉の仕事
今の生活を変えたい。
一発勝負する!
短期で変わっていく仕事がしたい
サクセス・ストーリーめざせ
(I)

とがわかります。こうして一くくりにされたカード群を見ながら作業者はハッと気づいたことを書きこみます――「ジャーナリズムは男の仕事」と（これをメタ情報といいます）。こうして分類して意味づけすることが情報加工です。

ここまで担当者がやったら、このマップをクラス全員がコピーして共有し、みんなでこの担当者の意見や分析を検討しあう機会をもちます。そういう意味づけでいいのか、見落としはないのか、自分だったらそこからなにを見いだすか……。そういう検討会を徹底的にやっていくわけです。

自分の発見と他人の発見とが違っていたときには、これはいったいどういうことなのかと詰めていきます。そうすると学生は、それはデータにもとづかない自分の思いこみであったことに気がついたりします。

ある担当者が、「京都精華大学の学生はこういう傾向があります」と言ったら、「えっ、ほんとう？　そう言えるかな……」と言う学生がいて、そこでいろいろな意見がとび出します。「ジャーナリスト志望は男性に多いです」という報告にたいしては、「えっ、どうしてそんなことが言えるの？」「女性でジャーナリスト志望はいないの？」という質問がとび出します。担当者が、「これらのデータは男性が答えたものばかりですから」と答えると、「それだけではそういう結論は出せない」と反論します。

こんなふうにやっていくと、担当者が一人でやって十くらいの発見しかできないのにたいして、全員でやれば二十や三十の発見ができることもあります。そうしてカードを貼りつけた台紙のマップをクラス全員で囲んで、どのくらいの量と質の発見ができるか。そこが、KJ法のとてもおもしろいところです。

それまで黙っていた私は最後に、学生が分析した結果にそくして学生とやりとりします。「あなたはこういうことを見落としていない?」「この程度のことしか言えないの?」「どういうデータにもとづいてそう言えるの?」「多いとか少ないとかいうのは、なにと比べているの?」「それはあなたの思いこみにすぎないんじゃないの?」「調査するまえとあとで変わらない意見なら、なんのために調査する必要があったの?」と。

学生よりも私のほうがはるかに情報を読む能力が高いわけです。データから発見を絞りあげるときに、コンテクストにたいする情報量が多いほど、一次情報から立ち上がってくる発見の量と質とに差がつくということが、目のまえで学生にわかってきます。

私はそのときニコッと笑って言います。「この分析能力の差は、なんでつくか知っているかい? 教養の差や。新聞を読みなさい。本を読みなさい。テレビのニュースを見たらいいよ」と。そこではじめて彼らのなかに、知識や教養にたいする動機づけが生まれます。

こうして、クラス全員がデータを検討しながら分析力を養っていきます。あくまでも、現にここにあるデータからなにが言えるか、という力です。その過程で、一次データからではなく、根拠のない思いこみや自分の価値観を述べるたびに、つき返されます。その情報にたいする自分の思いこみや偏見、マスコミで得た情報の焼き直しがもろに出たときには、徹底的に衝《つ》きました。

担当者が、「したがって、現代の学生にはこういう傾向があります」と、気のきいた思いつきを言ったら、すかさず「それはこのデータのどこにもとづいているの？」と聞きます。「根拠のないことは言うな。根拠のあることはもっと徹底的に言いなさい」「一次情報にもとづいて、その情報から言える範囲のことを言いなさい。最初に持っていた自分の思いこみを再生産するようなことは、絶対にやらないように」と。そうでないと、わざわざ調査する意味がありません。

このように、学生たちは自分が手と足を使ってとってきた一次情報を自分で分類し、加工し、分析して、自分にとって納得できる情報を生産する徹底的なトレーニングを受けることになりました。

インタビューで関係の結び方を学ぶ

自分でとってきたデータというのは、きわめて不完全で、かぎられたデータです。そのデータに最初から最後まで、ずっとつきあわなければなりません。それ以外に依拠するものはないのです。

データ加工をやっていくと、「あっ、あれがない」とか「ここのつっこみが足りなかった」という、事後的な発見が出てきます。自分がとったデータの限界が、自業自得で自分の身にふりかかるようになっている。だからこそ、一次データの取り方が大事なのですが、私がなにも言わなくても、そういうことに学生みずから痛い思いをしながら気がついていきます。

データの取り方といっても、じつはそれは対人関係そのものなのです。インタビューして情報を取ってくるのですから、相手からの聞き出し方が悪かったら、あるいはなにが聞きたいのか自分でもよくわからなくてぼんやり聞いてしまったら、自分の手元のデータに後々までたたられることになります。

もっとも、クォリティの高いデータを取ればめでたしめでたし、ともかぎりません。自分がもっているデータの、なぜ、どこがクォリティが低いのか、だんだんわかってくるプロセスがあるわけで、それを知ることも大事ですから。

こうしてインタビューの訓練を何度かやりました。いきなり授業のなかでやらせたこともありますし、いくつか項目を決めて、全員がおなじ項目でインタビューをやったときもあります。

あるとき自己紹介のかわりに他己紹介をやりましょうということで、三十分間相互インタビューをやってもらったことがあります。そのなかに、時間をもてあましたという学生がいました。このときばかりは私も激怒しました。「他人にたいする関心がわずか三十分間も持続しないのか。三十分で相手から聞き出すことがなくなってしまうなんて……」と。なかには三十分たっても話が終わらない組もありますから、学生はそういう差を現実として受けとめていかざるをえません。

その逆に、ずいぶん長く話しこんでしまい、「私、関係ないことを聞いてきちゃった。その人、悩んでいることをいっぱいしゃべりだしたから。先生、これどうしよう」という子もいます。しかし、私は絶対、そういうデータを捨てないように指導します。全部カードにとらせ、すべて分析するように言います。その人が進んで話したことのなかに、その人のリアリティがいちばんよく現れているからです。なにが重要な情報かは当事者が決める。キミたちが勝手に判断するな、と言っています。

人は「オン・ザ・ジョブ」(3)でしかなにごとも学べないと私は思っています。どんなことも経験や現場からしか学べない。自分が相手に関心をもつとはどういうことか、ということもふくめて。だから、とにかく学生を水のなかに放りこむわけです。

水という環境の設定をするのが私の仕事です。三十分という時間を設定し、テープレコーダーというテクノロジーを導入し、テープを回して三十分、人と向きあいなさい、という場をつくります。そして、「相手はあなたに関心のない場合もある。聞かれなければ黙っているかもしれない。そういう他者と三十分過ごしなさい」といって、そこにポンと学生を放りこむのです。

学生がそのなかでなにを獲得しようが、それは本人の問題です。獲得した結果がどういう意味をもつか、それも本人の問題です。学生が自分自身の限界に直面していくわけです。つまらないデータをとってきたら、つまらないデータで分析をやるしかありません。「仕方ないよね。これがあなたのデータなの。あなたのデータはあなた自身なの。自分の限界だから、それとつきあいなさい。でも、そんな小さなデータからでもなにかはわかるよ」。そう言うと学生は納得します。私のがわからは、なにも評価はしません。学生は自分で自分を評価するようになります。

動くことで偏差値コンプレックスを乗り越える

印象に残っている自由研究の一つに、京都精華大学の芸術学部と人文学部のファッシ

（3）オン・ザ・ジョブ
オン・ザ・ジョブ・トレーニング。OJTとも略す。実際の現場で仕事をしていくなかで必要な知識や技術を身につけること。

ョンくらべの調査があります。調査するまえに学生が抱いていた、「芸術学部のほうが個性的な服装をしている」とか、「髪が長くて少しきたなくて、実習が多いからいかにも芸術学部という服装をしている」とかいった思いこみは調査の結果、はずれました。両学部でそんなに大きな違いは発見されなかったからです。

キャンパスで学生たちの写真を撮って、それを自分たちの独断と偏見でグルーピングしたり配置替えしたりしてみると、そこから見えてくるものがあって、おもしろかったようです（次ページ参照）。

人文学部は新設学部ですし、京都精華大学といえば芸術学部が有名なので、当然、偏差値も芸術学部のほうが高いのですが、調査の結果、彼らが思っていたほど二つの学部にファッションにおける大きな違いはありませんでした。ですから、「学部によるイメージというのは偏見であることがわかった」と彼らは報告書に書いています。

その発見に学生たちはものすごく喜んでいました。それまでどんなに私が、「キミたち人文学部の学生は、偏差値が低いといって、芸術学部の子にコンプレックスをもつ必要なんてないんだよ」と言ってもダメだったものが、やっと劣等感から解放されたようでした。自分でつかんだ結論だから納得がいくのです。まさに「データに戻れ」です。

「大学という名のブランド観」という研究も興味深いものでした。十八歳から二十二歳までの若い男女にインタビューして、大谷大学・京都外国語大学・同志社大学・立命館

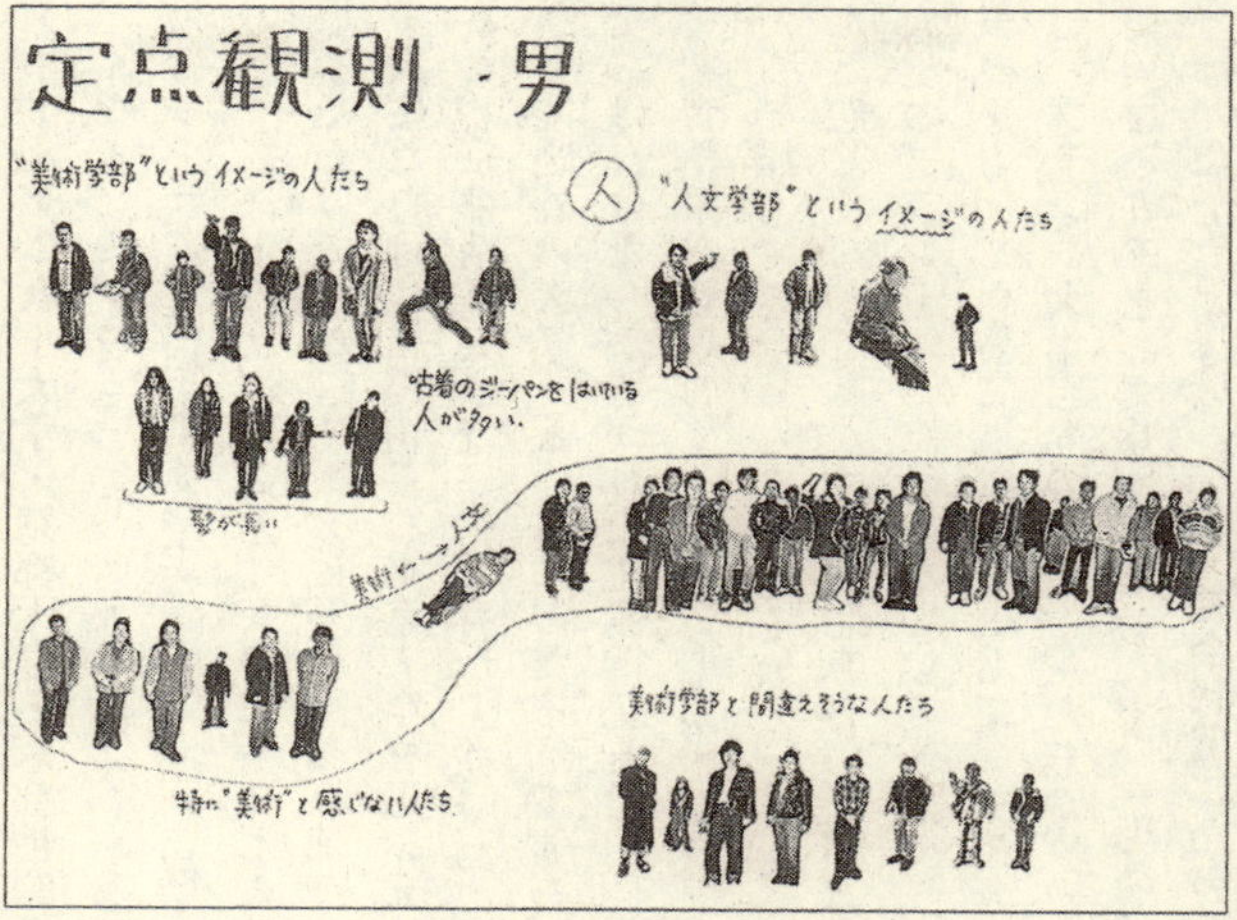
定点観測 -男
"美術学部"という イメージの人たち
人
"人文学部"という イメージの人たち
古着のジーパンをはいている
人が多い。
髪が長い
美術←→人文
特に"美術"と感じない人たち
美術学部と間違えそうな人たち

大学・ノートルダム女子大学・京都大学・京都精華大学などといった京都の大学にたいして、どんなイメージをもっているかを聞く調査をやったのです。あわせて、「彼氏にほしいのは……」「結婚相手なら……」と、恋愛観・結婚観も調べました。

街頭でフリーターの女性に突撃インタビューしたり、冷たく断られたりしながら一次情報を取ったわけですが、インタビューする京都精華大学の男子学生を目のまえにおいて、女子大生たちは「結婚相手なら京大卒を選ぶわ」と臆面もなく言ってのけます。調査によると、京都精華大学は結婚・遊び・恋愛の「対象論外ボーダーライン」(対象にもならない問題外の大学、ということだそうです)のところにはいっています。

学生たちは自分たちが置かれた位置関係を自己認識しながら、情報の分析をやっていきます。調査結果を整理して、「偏差値が低い自分たちのような大学生は、一夫一婦制が崩れたら結婚もできなくなるかもしれない」と分析し、「調査結果を整理しながら、だんだんと悲しくなってきた」と感想を書いています。他方、専門学校の女性たちが、比較的大学のブランドにこだわらない姿勢を見せているのも、彼女たちが必要なら自力で稼《かせ》ぐ気概をもっていることの反映として、好感をもって見られました。

しかし、ブランド大学志向の女子学生たちが、自分たちの就職や労働条件の悪さにたいして切実な不安感をあまり抱えておらず、「男の子は大変ね」とあっさり言い放つところなどは、「彼女たちは、いまの社会状況にたいして絶望しきっているのか、なにを言ってもムダと決めつけているのか、はたまた第二の就職である結婚が、有利な状況であるからであろうか」と鋭く分析しています。そして、報告書の最後に「真の結論」と断って、「ふざけんなよ」と結んでいました。

もうひとつ、この報告書のまとめのところに、「女性が大学のブランドにこだわるのは正しい。問題はブランドにこだわる女性にふりまわされる男だ。ぼくたちはどうしたらいいか。各自で考えよう」と書いています。

これはいままで偏差値コンプレックスに押しつぶされて見失っていた自分をふたたび見いだし、自分の足場を固めて自信をつけていくプロセスでもありました。街頭へ出れば、「京都精華大学？　あっ、偏差値四流校でしょ」と遠慮もなくいうインタビュー相手に直面しながらも学生はそのなかで、外から見たイメージと自分で形成したアイデンティティとのギャップを自力で埋めていく。そういうプロセス全体のなかで、学生たちは自信をつけていきました。

受講した学生が、「この大学にきて、社会調査法の授業を受けて、偏差値コンプレックスから解放された」と言ってくれました。そんなふうに言われると、やっぱりうれしいものです。またある学生は、「ぼくは受験に失敗したと思っている。京都精華大学という大学は、入学するまえは名前も知らない大学だった」と言いながらも、「この授業で、社会に出てから知識を入れる引き出しの開け方とでもいうような、なにたいしても土台になるようなことを学べた」と語ってくれました。

情報生産プロセスを初体験する東大生

ところで、いま語ってきたようなフィールドワークは、偏差値四流校で学生たちに「生きる知恵」をつけるためにやってきた授業でした。私はその大学で教えたあと、東大へ赴任してきたのですが、結局、東大でも私は学生たちにフィールドワークをやらせるはめになりました。

もちろん、東大生は活字情報にたいしては高い受容能力がある学生たちですから、文献を読ませて批判的にコメントさせるハードな読書ゼミもやっているのですが、だんだん東大生の現実というものが見えてきて、「なんや、東大生って偏差値高いだけのふつうの子や」とわかったときに、それなら東大生にも精華大のあの子たちと同じ手法を採用して授業をすればいいのだと思いいたった。そうしたら、ものすごく教育効果が上がったのです。

自分でとってきた一次情報をファーストハンド・データといい、そこから加工された二次情報をセカンドハンド・データといいます。これは他人の手を一度経てきている情報ですから、まさにセコハンデータ、中古情報です。このセコハン情報は図書館にありますから、図書館で調査することをライブラリー・サーベイ（調査）ともいいます。多くの人はライブラリー・サーベイだけで論文を書くし、東大生はその訓練を受けてきているから、それはできる。それができないのが、京都精華大学の学生たちでした。しかし、ライブラリー・サーベイだけで論文を書く東大生たちは、じつは精華大の学生たちがやったような、自分で一次情報を集めてそこから情報を自分で立ち上げる生産のプロセスを経験したことがありません。

私が育てたいのは、どんなにつたないものでもいいから、オリジナルな情報の生産者です。だれのモノでもない、オリジナルなメッセージを提示したときにはじめて情報生産者と呼ばれる。そのためには他人の手をとおったセコハン情報を使っているだけではだめなのです。

東大生にフィールドワークをやらせて予想外だったのは、「達成」の意味が変わったことです。人とくらべて上だとか下だとかということではなくて、自分が以前にくらべてどれだけバージョンアップしたか、が達成の基準になったのです。

発見や知的生産とは、集めてきた断片的な情報のなかからジグソーパズルの絵柄がだんだん見えてきて、あるときその最後のピースがスパッとはまって「そうだったのか！」というような、すごい快感をもたらすものです。問いを立てた当人がそれを自力でやり遂げて、その人に見える地平がどんどん拡がっていくのが、外から見ていてもわかるのです。進むにつれてつぎの景色が見えてくる、そういうプロセスを彼らは一年のあいだに経験します。そこでは達成ということが完全に自分の内部での基準に変わり、他人とくらべてどうこうというものではなくなりました。

そうなると、クラスの雰囲気がものすごくよくなった。一言で言うと、たがいにクリティカル（批判的）ではなくて、とてもサポーティブになりました。ゼミではおたがいのフィールドワークを報告しあうなかで、「あいつ、このまえはあの程度だったのに、こんどはこんなことも言ってる」というぐあいに、その人のものが見えていくプロセスをみんなが見守り、共有していきます。

私も意識的にそういうことをコメントするようにします。「このまえこんなこと言ってなかったね。これ発見したの、こんどがはじめてだね」と。他の人のプレゼンテーションとくらべてどうこうではなく、前回に本人が言っていたこととくらべてやる。そうすると、いろんなアドバイスやコメントや情報が、ほかの学生からも届けられて、おたがいにサポーティブで、励ましあう雰囲気が生まれて、たがいがたがいの成長を見守りあうという、とてもよい雰囲気になりました。

私は文献レポートをさせるとき学生に、「要約するな、批判せよ」と言ってきました。どこまで突っこんで叩けるかというところで競いあうわけです。しかし、そういうときの教室の雰囲気は殺伐としています。東大生にフィールドワークをやらせたことでゼミの雰囲気がよくなったのはもうけもので、これは予想外のことでした。

えっ、学生の話はもういいから、こんどは私自身がどう学んできたのか、それを知りたいですって？　うーん、それでは少しだけ、私がなぜ研究者をしているのか、どうやって勉強してきたのか、そんな話をしてみましょうか。

6 上野千鶴子の楽屋裏

私は僧院生活者

私の父は開業医でした。私は医学部に行くことを期待され、自分でも高三までそう考えて理系クラスにいました。なにごともなければ、そのまま地元の国立大学の医学部に行っていたでしょう。

しかし、出願直前に医学部へ行くことを止めました。父親を見ていて、「つまらん仕事だなあ」と思ったからです。彼は自分の仕事をそんなに楽しんでいるようには見えなかった。もうひとつは、人生のレールがさーと敷かれて見えた。食いはぐれのない人生ってつまらんものだなと思いました。

そしてこのうえ六年間、なにかのために自分が退屈だと思う勉強を我慢するのはたえられない。いままでさんざん優等生としてつまらないことをやってきて、このうえまだ六年もつまらないことをやって、そのさきにさらにつまらない人生のレールが敷かれているのかと思ったら、うんざりする思いでした。

気づいたら、京都大学文学部の哲学科（社会学専攻）へ出願していました。社会学は当時は海のモノとも山のモノともつかない学問で、そういうよくわからないところを選んだのです。父の目から見れば、文学部などまったく役にたたない虚学で、それを許すのは私が娘だったからでしょう。

京都へ行ったのも、大阪にいた兄と同居するというのが条件でした。自宅から通えるところというのが父のつけた条件でしたから、家族と同居するなら家を出てもよいというのが、せいぜいの妥協点でした。そうでなければ、私には東京に行きたい大学があったのです。しかし、「東京は女の子が一人で暮らすところではない」と、父には一言のもとに却下されました。それでも親の家を出たい一心で、一も二もなく兄との同居のほうを選びました。

大阪から京都へ通学をはじめて三か月め、私はかねて用意しておいたカードを切りました。「お兄ちゃんといっしょでは、うるさくて勉強ができない」――。父はついに納得し、私は自分で下宿を探して兄のもとを出たのです。

それ以来、私は自分の好きなことだけをして生きてきたのかもしれません。

研究者をしている自分のことを、私は僧院生活者だと思うことがあります。大学、アカデミアの役割は、昔はもっぱら修道院が担っていました。僧院生活者は俗世とは無縁であり、世のため人のためではなく、自分の「解脱《げだつ》」のために生きています。それは自分がスッキリしたい、ということにほかなりません。学問とは自分がスッキリしたいための、死ぬまでの極道、と私は言ってきました。

研究者とは、なにかが腑に落ちなくなった人がそれをひたすら腑に落ちるように修行しているようなものであり、研究室とは、腑に落ちなくなったことに憑かれた人たちの巣窟です。考えれば哀れなものですが、まえにも述べたように、抱えていた問いが解けたときの、あの天井が抜けたような知的興奮や爽快感は、味わったものにしかわかりません。それがあるから私はこの僧院を出る気はないのです。

それは「主婦って、なに」から始まった

私が最初に抱えた問いは、「主婦って、なに」でした。専業主婦(1)である母の生き方が、私の腑に落ちなかったのです。お母さんはあんなに忙しいのに「三食昼寝つき」と言われ、お父さんに食べさせてもらってすまなさそうに生きている。幼い目にも母が幸福そうに見えませんでした。

しかし、母は主婦を女の当然の生き方だと思っていて、私もそれを踏襲するものだと

思っている。私はどうしても主婦としての母の生き方が腑に落ちなかったのです。私のフェミニズムの原点は、自分の家族にあると言えるでしょう。

そこからだんだん問いがふくらんでいきます。主婦ってどんな人、主婦ってなにやってる人、主婦がやってる家事ってなに、家事は労働なの……。

つぎつぎと浮かぶ問いを調べていくと、マルクス主義経済学者という人びとが、家事は労働ではないと言っていたことを知りました。六〇年代の「主婦論争」(2)です。こんどはそれが私の腑に落ちない。

ならば逆に、家事は労働だとしたら、ほかの労働はお金になるのに、なぜ家事労働はお金にならないのか。そこではじめて「不払い労働」(3)という概念にぶつかって私は、ああ、そうだったのか、と頭の上で天井が抜けるような思いをしたわけです。

(1) 専業主婦

「主婦」とは、産業革命にともなって家庭が私的な領域として公的な生産領域から分離された後、家事・育児専従者としてわりあてられた近代の女性の役割。日本では明治末期に「主人」とともに「主婦」という用語が現れる、比較的新しい存在。主婦(「奥さん」)になることは、はじめは新興の都市中産階級のステイタス・シンボルだったが、のちに女性の孤立と不払い労働としての家事労働負担の主要な源泉として、「主婦問題」はフェミニズムによって大きくクローズアップされるに至った。高度成長期以後は、既婚女性の就労率が増加に転じ、家事に専従する女性をとくに「専業主婦」と呼ぶ名称が登場した。

家事は不払い労働だということを発見すると、こんどはどうして女は家庭のなかで不払い労働に甘んじつづけ、家の外に出て働こうにも男より安い賃金を強いられなければならないのか、というところへ進んでいきます。

いまでこそ、そんなことはウソっぱちだとわかっていますが、労働市場とは自由な労働者の競争の場である、というのがそのころの経済学者の大前提でした。しかし、実際は市場は自由な労働者の競争の場ではない。女には家庭責任というハンディキャップが最初からついている。そんなハンディつきのレースを、自由な労働市場での機会均等で公正な競争だと言われても、はじめから女が負けることは目に見えています。

そう考えてくると、機会均等という言葉に感じていた腑に落ちなさが、やっぱりそういうことだったのか、と腑に落ちるようになりました。機会均等の公正な競争とは、結果の不平等を事後的に正当化するためのしくみにすぎないのです。

そうすると、労働市場での競争とは、経済学者が言うように市場のなかで完結しているわけではなく、市場の外にあるものに規定されていることがわかってきます。しかし、いま考えるとあたりまえのようなこのことも、当時は聖書とおなじだと見なされていたマルクス理論に楯突く、神をも恐れぬ所業でした。フェミニストは、女の経験を理論が説明できないなら、間違っているのは経験のほうではなくて理論のほうだと、マルクス主義に宣告したのです。

そのアイデアを私は学び、八〇年代のはじめに集中的に英語文献を読んで自分のなかで整理していったら、霧がはれるように謎が解けていく。ああそうだったの、ああそうだったの、の連続でした。山登りのように一歩登るごとに視界が開け、つぎの視界を求めてまた一歩を登り、つぎつぎに霧が晴れ見晴しがよくなっていく経験です。どんどん自分がスッキリしていく。これはこたえられない快感でした。

（2）主婦論争
戦後、三次にわたってくりかえされた、主婦にかんする論争。女性だけでなく男性論客をも交えて闘われた。第一次主婦論争（一九五五年・石垣綾子が提起）では主婦の社会的身分が争われ、第二次主婦論争（一九六〇年・磯野富士子が提起）では家事労働の経済評価をめぐって論争が推移した。第三次主婦論争（一九七〇年・武田京子が提起）では、当時少数派になりつつあった専業主婦のアイデンティティのゆらぎを反映し、専業主婦の「幸福」「自由」が論争の的になった。とくに第二次主婦論争は七〇年代イギリスの家事労働論争に匹敵する水準の高さを持つ歴史的な論争。参考文献は上野千鶴子編『主婦論争を読む・全資料』（I・II、勁草書房・一九八二）。

（3）不払い労働
アンペイド・ワーク。マルクス主義フェミニズムが家事労働について探求するなかで提起された概念。賃労働を支えるものでありながら、私領域に隠蔽されて賃金が支払われない労働のこと。具体的には家事・育児・介護労働などをさす。現在、不払い労働の多くは女性によって担われており、これが労働市場における女性差別の物質的基盤となっている。

その自分なりの見取り図を私は論文や本のかたちにしたけれど、それを人さまが読んでくれるかどうかはべつの問題です。書き上げて、スッキリした時点で、自分自身への報酬は終わっています。たまたまニーズがあって、たまたま売れて、理論社会学をやっていた私がいつのまにか「マルクス主義フェミニズム(4)の旗手・上野千鶴子」になってしまったけれど、それは私のコントロールを超えています。時代の文脈という歴史の偶然が、現在の私をつくっていますが、売れるか売れないかは二次的な結果にすぎません。

対話のなかからアイデアは育つ

私はこのとき、理論のおもしろさ、カテゴリーの力というものにハマりました。理論とはおもしろいものです。机上の空論などと言いますが、あるカテゴリーを立てたときに世界がまったく相貌を変えて見えてくるのは、ハマる価値のある快感です。

しかし、ひとつだいじなことは、どんなアイデアもモノローグの世界からはぜったいに拡がらない、対話のなかからしかアイデアは育たない、ということです。自分のアイデアを聞いてくれる質の高い聴衆をもつということは、仕事をする人や研究者には——ほんとうはどんな仕事をする人にとっても、ぜったいに不可欠なことです。

だからマルクス主義フェミニズムについて考えているときは、私は孤独な思いを味わいました。不払い労働論というものにこれだけの奥行きと価値があると思う人びとがまだ多くなく、対話する相手がいなかったからです。

また、フェミニズムのなかでマルクス主義は評判が悪く、それに取り組む私は孤独な闘いを強いられました。全共闘世代である私は、学生時代に幸か不幸か、『経哲草稿』から『資本論』(5)までマルクス主義のスタンダードパッケージを身につけさせられま

(4) マルクス主義フェミニズム
マルクス理論と、ジェンダー、セクシュアリティにかんするフェミニズム理論との統合をはかる試み。マルクス主義を名乗るとはいえ、マルクス主義内部の性差別や生産理論についてもっとも苛烈な批判者であり、マルクス主義一元論に傾く「社会主義婦人解放論」(革命が成功すれば女性は解放される)とはまったく異なるものである。マルクス主義フェミニズムは基本的に資本制と家父長制との二元論的立場をとることで、労働市場とそれを支える家事労働の理論化に多大な貢献をした。くわしくは、日本のマルクス主義フェミニズムの第一人者、上野千鶴子の『家父長制と資本制』(岩波書店・一九九〇)を読んでほしい。

(5)『経哲草稿』『資本論』
一九世紀最大の思想家であるカール・マルクス(一八一八～八三)の著作。左派学生の必読文献だった。これらの著作に代表されるマルクス主義は、のちに社会主義国家の現実的な破綻もあってさまざまな批判にさらされるが、二十世紀の思想のほとんどが、多かれ少なかれマルクス主義を経由し、またマルクス主義に対峙するなかで生まれたことは否定できない。

したが、そんな「教養」はフェミニズムのなかではまったく共有されていない。私の抱いた問いを共有してくれる人がおそろしく少なかったのです。まるで虚空に向けて語るような思いを味わったものでした。

しかし、なにか新しいことをやる人というものは、自分を育てながら同時に自分の聴衆を育てるものです。聴衆といっしょに自分も育っていく。それは商品開発でもおなじで、まったく新しい商品をつくりだす人は、ニーズのあるところからそれを生みだすのではなく、新しいニーズを生みだしながら商品を生みだすものです。だから理解者があるということはすごくありがたいことで、よい聴衆をもつことがだいじだと、私はいつも学生に話しています。

現場は想像を超えるからオモシロイ

理論の世界にハマって、概念のジグソーパズルをすることも好きですが、現場のフィールドワークにはいることも、私は大好きです。現場はつねに想像を超えるからおもしろい。

関西の女性たちのネットワークを調べた「女縁《じょえん》」(6)の研究は、大阪市の女性問題リーダー養成講座を修了した中高年の女性たちとの出会いから始まりました。彼女たちが数人で、講座で学んだことを生かして情報発信の足場とするべく調査企画会社をおこし、事務所をかまえて背水の陣で仕事に乗りだした。彼女たちが私に声をかけたのです。私はそうした人との出会いにみずから進んで「流され」、身をまかせてみることが好きです。スタートはいつでも受動的でした。

彼女たちから、どうやって調査研究をしたらいいだろうか、と相談を持ちかけられた私は、あなたたちがやっていること自体を調査研究の対象にしたら、と答えました。私がそれまで考えてきた女性のネットワーク、「女縁」というものに、あなたがたがやっていることはズバリあてはまる。それはフェミニズムが地域活動のなかで積みあげてき

（6）女縁

「縁」には、伝統的には「血縁」「地縁」「社縁」があるが、これらは選択性が低く加入脱退が難しい。これにたいし個人の意志で加入脱退の自由な縁のことを「選択縁」と名づける（たとえば、趣味のサークルなど）。ところで女性の居場所は伝統社会においては「血縁」と「地縁」であったが、親族ネットワークも地域共同体も解体した現代社会では、「社縁」からも排除された女性は孤立しがちである。そこで顕在化してきたのが、主婦たちの「選択縁」である。この主婦たちの選択をとくに「女縁」と名づけ、女縁を楽しむ彼女たちを「縁女イスト」と呼んだ。その実態については、関西の女性たちの協力を得て調査を行なった上野千鶴子・電通ネットワーク研究会『「女縁」が世の中を変える』（日本経済新聞社・一九八八）を参照。増補新版が『女縁を生きた女たち』として岩波現代文庫（二〇〇八）より刊行されている。

たことのみごとな産物で、しかも例外ではなく、むしろ典型例だから、それを調査研究の対象にしたら、と提案したのです。

彼女たちは大喜びでした。やろうやろう、調査した結果をまとめて本を出そう、そうすれば印税がはいる、それはいい……と、そこまでは彼女たちも考えたのですが、調査して本を書くまでに三か月とか半年かかります。印税がはいるのはその先です。それまで事務所と生活を維持しなければならない。全員が主婦で、お金をもちよって株式会社をつくって、全員が取締役に収まったまではよかったのですが、そのさきのことはなにも考えていなかったのです。

そのとき私は彼女たちに、上野さんも取締役にならないか、ともちかけられましたが、「お断りします。私はあなたがたに雇われるパートのオバサンをやります。そのかわり時給は高いですよ」と答えました。そして、そのころ私は電通と仕事をしていたので、大阪の電通にこのプロジェクトを買わないかともちかけ、研究会を立ち上げてそこにお金を出してもらい、それを運転資金にして事務所を維持しました。そして私はど素人の彼女たちに社会調査のノウハウとスキルを、オン・ザ・ジョブで三か月、毎週大阪へ通って叩きこんだのです。

そのあいだ私がずっと言ってきたのは、ノウハウというものは学べば教師はいらなくなる。教育とは、その場を通過して去るためにある。だから一刻も早く私を不要にしてちょうだい、ということでした。

彼女たちは日進月歩、雨後のタケノコが伸びるようにめきめきと力をつけていきました。学生を教えているときとは手ごたえが違います。彼女たちはいまやっていることをアウトプットして、商品にしなければならない。待ったなしです。そういう状況がいちばん力が身につくのです。教育の現場としてあんなにおもしろかったことはありません。

そのなかで私の発見もいろいろありました。

私はKJ法を使ってブレーン・ストーミング(7)、略称ブレストをやるのが大好きです。自分の発想をこえる意見を他人が出してくれることがとてもスリリングなのですが、女縁活動の「べからず集」をまとめた「女縁の七戒」などは、だれが言ったということでもない、ブレストの産物です。すごくおもしろいことを、ポロッとだれかが言うのです。「奥さんと言われてうれしがるのは結婚したてのうちだけやねえ」と。雑談やブレストのなかでそんな言葉がポロッと出る。私はそれを拾っていくわけです。

現場とは砂金の採掘場みたいなもので、キラッとしたものがそこかしこに落ちていま

(7)ブレーン・ストーミング
創造的集団発想法とでも訳される。グループで自由かつ無批判に発言させて、独創的なアイデアを引き出すこと。

す。ただ、本人は日常知として言っているだけだから、そのことにどんな値うちがあるかということがわからない。私はそれを拾って文脈化していくのです。ある文脈におくとそれが金だということがわかる。組み立て方、料理の仕方しだいです。オン・ザ・ジョブで学びながら、ど素人の主婦が半年で調査のプロになりました。おかげで私もお払い箱です。そのあとは自分たちで自治体などを営業に回って、仕事をとってくるのですからすごいものです。金になる仕事をしながら、どんどんスキルアップしていく。そういう現場はむちゃくちゃおもしろい、毎日が驚きの連続でした。

女は英語習得にとてもラッキー

自分の学びを深めていくうえで、外国語という資源については、避けてとおることはできません。

大学時代、私の語学の成績はほんとうに低空飛行でした。忍耐力はないし、教師のあとについてチイチイパッパをするのが大嫌い。英会話サークルなどでぺらぺら英語をしゃべる連中が中味のあることを言ってるとは思えないし、軽薄そうに見える。おまけにアメリカが好きなんて、なりふりかまわぬ上昇志向と田舎根性の丸出しで、恥ずかしくてならない。だから英会話の勉強をしようなどという気にはまったくなりませんでした。

たしかに受験勉強で英語はやったし、論文を読み書きする能力はありましたが、三十三歳でシカゴに留学をするまでは、聞くのと話すのとはほとんどダメでした。日本が為替《かわせ》自由化にふみきったのが七三年で、それまでは一ドル三百六十円の固定相場制、外貨持ち出し制限五百ドル。とてもこれでは生活できません。飛行機の切符もかなり高かった。ですから私の世代で外国に出た人たちは、藤原新也(8)さんではないけれど、片道切符で、下宿を畳んで行ったものです。いま外国に出かける若い人たちは帰る予定を立て、往復切符を持って、下宿も確保したままで出かけます。三十歳をすぎて生まれてはじめて外国に出たわけですが、言葉ではものすごく苦労しました。語学というものは、そこにいて空気を吸っているだけで、一年とか二年とかしたらぺらぺらしゃべれるようになるものだと思ったら大まちがいです。たとえば移民の

(8) 藤原新也（ふじわら・しんや）　一九四四年生まれ、著述家・写真家。一九六六年からアジアを放浪し、帰国後に『印度放浪』（朝日新聞社・一九七二／朝日文庫）を刊行、たんなる旅行記にとどまらぬ「自分探し」的主題や、仏教的世界観が話題となる。その後もアジア各地をめぐりルポルタージュや写真集をつぎつぎに刊行。藤原に影響されてアジアに自分探しの旅に出る若者が続出する。その後、日本論『東京漂流』（情報センター出版局・一九八三／朝日文庫）、アメリカ放浪の記録『アメリカ』（情報センター出版局・一九九〇／集英社文庫）など新境地の著作も発表。自称「現代の漂泊者」。

人たちが移民のコミュニティで暮らしていれば、まったく英語をしゃべれないまま一生を過ごす人もいっぱいいるし、駐在員の奥さんなども、かならずしも英語を話せるようになるわけではありません。

外国語を覚える方法はただ一つ、他人の口まねをすることよりありません。赤ん坊が言葉を覚えるのとおなじことをやるのです。私の友人に日本人女性と結婚したオーストラリア人の研究者がいます。彼はじつに流暢《りゅうちょう》な日本語をしゃべるのですが、おかしいことにそれが女言葉なのです。妻の言葉を口移しに覚えたから、大男の外国人が「そうなのよねえ」などとやっている。しかし、それ以外の言葉の覚え方はないのです。私もそうやって、まわりの人の口まねをして英語を習得していきました。

その点で、私は一人で行ったということ、そして女だったということがとてもラッキーでした。女で一人だと、努力しなくても人が寄ってきてくれます。まず男が寄ってくる。女も寄ってきてくれる。女性は勤勉だから英語がうまくなる、などという話ではありません。女性というジェンダーのおかげで、まねる対象が近づいてきてくれる。これが一人で男だと、自分からアプローチしないといけないし、おまけに男に近づかれた女性は逃げるでしょう。

言葉がしゃべれないのは赤ん坊とおなじだから、英語がしゃべれないと赤ん坊とおなじだと思われ、おまけに頭のなかまで赤ん坊なみだと思われかねません。ものすごく無力な状態におかれる。しかし、そのときも女でよかったのは、女だと平気で「ヘルプ・ミー」と言える。ある日本人の男がそんな私を見て、「女は恥を知らんからな」と言いましたが、そう言う彼は結局、英語が上達しませんでした。

だから、男女でくらべると女のほうがめきめきと英語がうまくなっていきます。インテリで学歴の高い男が学歴の低い妻を同行して留学したところ、妻のほうがあっというまに英語が上達したというカップルを何組も知っています。

語学力が上がると情報摂取の能力もあがるために夫婦の力関係のバランスが崩れ、それで軋轢《あつれき》が起きたという例がいくつもあります。離婚にまで至ったケースもあります。IとYouしかない英語が女を元気にするということもあるでしょう。どんな相手にもYouだし、なにを言うにもまずIですから。

言語が世界を多極的に見せる

言葉はそこで生き抜く必要のある人が、必死で身につけるものです。必要のない人には、言葉を身につける理由も必然性もありません。私は九〇年の秋から一年間、統一まもないドイツに滞在しましたが、ドイツ語はついにものになりませんでした。

ドイツは難民や移民をずっと受けいれてきた国です。トルコ人がいる、クルド人がいる、コリアンがいる。チャイニーズがいる、アフリカンがいる、いろんな人がいますが、ドイツで生きのびているそういう移民や難民の人たちは、ドイツ語をちゃんとしゃべっています。もちろんそういったってブロークンですが、私よりはるかにうまいドイツ語です。移民の人たちがはじめにつく職業はサービス業の売り子さんとかウェイター・ウェイトレスですが、注文をとって、客とコミュニケーションできるだけの語学力をちゃんと身につけている。私はついにそのレベルにまでいきませんでした。

その人たちを見ていてつくづくわかったのは、この社会でなにがなんでも歯を食いしばって生きのびていかなきゃいけないと思うか思わないかの違いです。そういう人たちを見、そういう人たちとドイツ語をしゃべると、私にはやっぱり帰るお里があるからなあ、と恥ずかしい気持ちになる。語学がうまくなるのは、自分をそういう状況においたときです。

言語は資源だから、ネイティブとコミュニケーションできる水準に達した言語をいくつもっているかということは、世界に触れるチャンネルをいくつもっているかというぐらい大きなことです。ちょうどドイツに住んでいたときに湾岸戦争(9)が起こりましたが、新聞を読みくらべても、英語のメディアとドイツ語のメディアと日本語のメディアとでは論調がちがいます。おなじ英語のメディアでも、アメリカのメディアとイギリスのメディアとではちがう。そうやって世界を複眼的に見ることができます。

ドイツに行ってよかったと思うのは、アメリカを相対化して見る視点をもてたことです。日本人にとって国際関係というのはイコール日米関係になる傾向があります。しかしヨーロッパからは、アメリカというものを国際世界の一つの極として相対化して見ることができる。それはさらに、アジアやアフリカや南米の視点を入れて国際世界を多極的に、多層的にとらえ直すことにつながります。

外国経験が生みだす「難民」感覚

言葉というのは、是が非でもそこで生きのびなければならない境遇のなかで、まわりの人間に食らいついてその口まねをするなかでしか身につかないものだとすると、最近の若い人のお手軽な語学留学の状況が気にならないわけでもありません。海外へ半年と

（9）湾岸戦争
イラクが隣国クウェートに侵攻（一九九〇年八月）したペルシャ湾岸危機にたいし、アメリカはイラクのフセイン政権のねらいが世界石油市場支配にあるとみて激しく反発。九一年一月、ブッシュ大統領（父）のアメリカを中心とする多国籍軍がイラク空爆を開始した。これが湾岸戦争である。日本も多国籍軍への「国際貢献」を迫られ、自衛隊派遣は拒否するも一三〇億ドルを拠出。また、のちにPKO協力法を立法するにいたった。なお、息子のブッシュ大統領が現在、イラクを「悪の枢軸」と呼んでいる。

か一年とか行って、「自分探し」とか「すごく楽しかった」と言って帰ってくる。親も平気で何百万円ものお金を出す。そして帰ってくるとこんどは、「語学力を生かして仕事がしたい」です。そんなちゃちな英語力でなにができるわけでもなければ、英文のビジネスレターひとつ書けるわけでもなし。現実に直面することを回避したい親と子どもが、「留学」とか「ホームステイ」というものに過度の期待を寄せている姿が見てとれます。もちろんそれを食い物にしている留学産業もあるわけですが……。

ただ、そう辛口には言いましたが、私はじつのところ、それでも外国へは行かないより行ってみたほうがいいと思っています。なんのために言葉を身につけたいか、それは人とコミュニケーションするため、なにかを伝えたいためだ、ということが切実にわかるようになるからです。それからどこでも人間はふつうに生きているということがわかる。だから外国にたいする過剰な思いいれや期待がなくなり、恐怖心や身構えがなくなります。そういう海外体験は、もたないよりはもったほうがずっといい。

私が四十代にさしかかったとき、日本はバブル景気(10)を迎え、未曾有《みぞう》の円高時代が訪れました。一ドルがたったの八十円になった時期さえあります。当時、私はエコノミストの友人たちに、この円高はどのくらい続くだろうかと聞いてまわりました。彼らの答えは、せいぜいもって十年というもの。私の予測と一致していました。

四十代は、人が一生でいちばん仕事ができるときであり、同時にいちばんお金を稼げるときでもあります。その私の四十代と円高の十年がぶつかるとしたら、お金のために四十代を過ごすか、時間と経験をもつために外国へ出るか。私は後者をとりました。

私のような年度単位で仕事をしている人間にとって外国は、思いついたからといってすぐに出られるものではありません。何年かまえから種まきをし、段取りをつけ、招聘《しょうへい》などのかたちをとって出るのです。ドイツに一年ゆき、つぎにメキシコに半年、ニューヨークに半年、そうやって四十代のうちのまる二年間を外国で暮らしました。最初で最後の二度とない円高の時代に、私は外国ですごすという時間を買ったわけです。

私は学生たちによく言います。四十代のオトナはカネがあっても時間がない。二十代のキミたちは、時間はあるがカネはない。カネはあとでもとり戻せるが、時間はとりもどせない。だから親に頭さげて借金してでもお行きなさい、と。バブル期ならずとも、現在の日本で二十代を送れるのも時代の幸運です。これが明治時代だったら、女は津田

(10) バブル景気
一九八六年ごろに始まり、一九九一年まで続いた日本経済の好況のこと。一九八五年の「プラザ合意」においてアメリカの要望を受けてドル売り協調介入が行なわれたことに端を発する。一時は一ドル＝八〇円にまで円高が進行したが、一九八九年の金融引締め政策への転換、一九九一年の景気調整政策などを受けて、バブルは終息していく。

梅子(11)でもなければ留学なんかには行けなかったのですから。

そうやって海外を経験し、日本に戻ってくると、ほとんどの人がリエントリー・カルチャーショック、つまり再入国文化摩擦というものを経験します。かんたんに言うと、もう百パーセントの日本人に戻れないのです。自分のなかにこれまでと違うチャンネルができていて、「在日日本人」という言い方がありますが、なんとなく移民のような気分で日本社会を生きていくようになります。もっとも反動で日本人意識に目覚めて、ナショナリストになって帰ってくる人もいますが……。

私には青年海外協力隊の人たちに知りあいが多いのですが、みんながみんなそうとはかぎりませんが、帰国してきてからの彼らを見ていると、どこかでディアスポラ(12)の気分で生きている感じがします。日本の社会のなかに表面上、溶けこんでいるように見えても、どこかでしっくりいかない自分の一部分を抱えこんで、移民や難民として生きているみたいなところがある。

海外協力隊は、開発と近代化という目的をひっさげて途上国に赴きます。ところが、現地の人たちと接するなかで、彼らにとってなにがしあわせか、自分たちがやっていることは彼らが望んでいることだろうか、価値の押しつけにすぎないのではないか、こんなことしたら彼らは不幸になるのではないか……というジレンマに引き裂かれる。まともな人ならあたりまえです。もちろん、乳幼児死亡率の低下とか感染症の消滅など、開発の恩恵もたしかにありますから単純には言えないのですが。

でも、そうやってさまざまな矛盾にさいなまれて日本に帰ってきてみると、いままで生きていた日本社会にかんたんにフィットできなくなっている自分がいる。どこか日本人でなくなったようなパーツを抱えながら生きることになるのです。

私はそういう人が増えるほうがいい、たくさんいるほうがいいと思っています。私もまた、たとえ適応はしていても、つねに移民として生きているような感覚があります。東大に〝とらばーゆ〟(転職)したときに、「上野さん、勤まりますか?」といろいろな人に言われましたが、「外国だと思えば、どこでも生きていけます」と答えたものでした。

(11) 津田梅子(つだ・うめこ)

一八六四〜一九二九。教育者。父親は佐倉藩士で、開明思想の持ち主。この父親の尽力により、梅子は北海道開拓使派遣女子留学生の最年少の一人に選ばれ、一八七一年、岩倉具視一行とともに渡米。一一年にわたって滞在し学校で優秀な成績を修めた。一八八九年に再渡米。一九〇〇年、現在の津田塾大学の前身である女子英学塾を創設する。

(12) ディアスポラ

もともとは聖書時代のユダヤ人の離散をさす用語だが、転じて自分の所属する文化圏を離れて世界各地に離散・放浪することをいう。さらに近年、ポストコロニアル研究における重要な概念として発展。この文脈でディアスポラとは、国籍や人種や民族のどのカテゴリーにも安住することなく漂いつづけ、カテゴリーの境界を不断に攪乱しつづける存在をいう。

現実を超える元気を現場からもらって

現実よりも想像力のほうが豊かだと思う人は、哲学者や文学者になるのが向いているでしょう。しかし、社会学者は想像力よりもつねに現実のほうが豊かだと思う人間です。「女縁」の調査をした女性たちには、ホントに驚かされました。彼女たちのオフィスは大阪の堂島にあるのですが、その出勤時間をどう決めたかというと、全員、朝九時に自宅を出る、と決めたのです。

朝九時に事務所に出る、ではありません。みんな住んでいるところはバラバラで、三十分で来れる人も一時間かかる人も、一時間半の人もいる。起床の時間がバラバラになるのは不公平だ、というわけです。当然、到着時間に差ができますが、遅く来る人を遅刻とみなさない。けれど、退業時間はおなじです。ふつうの企業社会から考えたら奇想天外な非常識ですが、生活者の実感からは、とても腑に落ちるルールです。現場とはそういうことを考えつくのです。

最近、驚いたのは、北海道のあるワーカーズ・コレクティブ(13)の例です。妻の年間収入が一三〇万円(14)を超えると夫の扶養家族からはずれて国民年金や健康保険に自分で加入しなければなりません。年収が一五〇万を超えれば、それらを払っても不公平感はないのですが、それ以下では世帯年収でいわゆる「逆ざや」が発生します。だから多くの既婚女性たちが「一三〇万円の壁」のまえで自分の働き方を足踏みして、就労調整することになります。

このコレクティブでは、驚いたことに一三〇万から一五〇万までのあいだに発生したこの「逆ざや」を、手当として支給することを決めました。一三〇万の壁のまえで足踏

(13) ワーカーズ・コレクティブ
自分たちで資金を出しあって事業を起こし、自分たちで経営し労働する労働者協同組合。一九七〇年代からオルタナティブな働き方として活発になる。日本では八〇年代前後から、生協活動に携わっていた主婦層を中心に、この方式で弁当屋などの事業をはじめるところが現れた。最近では介護や家事支援などの福祉関連の分野にも増えている。しかし多くのワーカーズ・コレクティブは、ワーカーが自立して生活するには報酬額が十分でない。

(14) 年収一三〇万円
サラリーマンら勤め人の妻は、年収が一三〇万円以下であれば国民年金第三号被保険者として保険料が免除される。保険料は年額約一六万円なので、一三一〜一四六万円の収入の場合、働いたぶん逆に損をすることになる。この損の部分を「逆ざや」という。この保険料免除制度と配偶者控除制度（妻の年収が一〇三万円以下なら控除される）が既婚女性の就労を抑制する原因のひとつになっていた。ただしこの制度はシングルや共働きの人に不公平であることから、二〇〇四年に廃止された。現在は、一〇三万円までの範囲にとどまっている。

みする人に、心おきなく自分の仕事をふやしてください、と背中を押してあげるために、年金分を仲間で負担する。これは一部の人に働いた以上の給料を特別に出すのとおなじですが、その不公平な配分にみんなが合意して、そういうルールをつくっている。私はこの話にものすごく感動しました。

私の仕事は、現場の実践をマクロに文脈化することです。現在の女性の就労が構造的にどういうジェンダー・バイアスのもとにおかれ、その差別を国の制度がどのように補強しているかを分析するのが仕事です。一方で、彼女たちはその制度が変わるのを手をこまぬいて待つかわりに、制度の欠陥を当事者努力で補っていると考えられる。彼女たちの考えついたことが奇想天外なのではなく、そのような手当が必要な現在の世帯単位の税制や社会保障制度のほうがゆがんでいるのだ、ということが鮮明になります。

もうひとつは、ゆがんだ制度の改正を待たなくても、当事者の工夫でそれは超えられる、ということです。これはたいへんな勇気づけになります。「一三〇万円の壁」はじつは専業主婦保護策でもなんでもない、主婦役割を固定化し、女性の社会参加を阻害するからくりだということが、現場の工夫ひとつであぶりだされます。これはいくえにも感動的です。

それをある講演で紹介したら、聴衆のなかから、自分たちもおなじようなことを考えていた、自分たちのやろうとしていることがまちがいでないということがわかって確信をもてた、という反応がありました。「奇想天外」なことが同時多発的に列島のあちらこちらで起こっていたのです。これを〝時代〟というのかもしれません。

そういう現場での驚きに接するたびに、私は自分が社会学者をやっていてよかったと思うのです。

7 ポストモダンの生き方探し

未来のために今をガマンする生き方

偏差値の呪縛から自分を解放し、自分が気持ちいいと思えることを自分で探りあてながら、将来のためではなく現在をせいいっぱい楽しく生きる。私からのメッセージはこれにつきるでしょう。

高校で講演すると、私はとてもウケがいいのです。「こういう不況でよかったね。親や先生は二言めには、将来のためにがんばりなさいと言うけれど、そんな生き方はみんなカラ手形になりました」と話すと、子どもたちは「自分が好きなことをやっていいんだと思えた」と言ってくれます。明日の保証もさだかではなくなった大不況は、将来のために現在を犠牲にしてガンバルという近代の生き方を無効にし、そこからの転換をうながしています。

歴史はつねによい方向に進歩している。いまガマンすれば、明るい将来が開ける。現在は未来に備える時間としてのみ意味をもつ……。どうしてこんな無邪気な神話が信じられたのか、いまとなっては不思議というしかありませんが、人びとは進歩と成長のイデオロギーに駆られて、ひたすら走りつづけてきました。そして近代が到達点に達したと思われる七〇年代、私たちのまえには大量消費と大量廃棄の都市生活、公害、環境破壊、競争……の社会が成立していました。

同時に、こうした近代的価値へノーを突きつける、カウンターカルチャー・ムーブメント(1)が勃興しはじめていました。未来のために現在をガマンするより、私の現在を返してくれ。そう訴えていました。私もまた、くりのべされた未来や遠くの目的のために、現在をガマンして生きたくはなかった。そして私の現在を私のために生きようと考えたとき、そこにはウーマン・リブ——第二波フェミニズムがありました。

フェミニズムや女性運動が、新しい社会運動として登場した意味は、じつに大きかっ

(1) カウンターカルチャー・ムーブメント
対抗文化運動。ある社会の支配的文化に異議申し立てをするような対抗文化を、創造し実現しようとする運動。一九六〇年代の先進諸国において、物質的・管理的・画一的なライフスタイルを拒否する若者のあいだで盛りあがった。カウンターカルチャー・ムーブメントは、政治活動、共同体（コミューン）、ロック・ミュージック、神秘主義などを特徴とし、新左翼やヒッピーが主な担い手となった。

たと思います。それまで運動とは、将来の革命の目的のために現在の苦難に耐えるものでした。しかし、フェミニズムはそんなヒロイズムを男性性のシンボルとして批判し、否定しました。闘いは日常のなかに、ありていに言えばベッドのなかにだってある。日常にとってヒロイズムなど邪魔なだけです。日常とは、きのうのように今日も生きること。だから今日の解放がなくて明日の解放があるわけがない。フェミニズムはそう言ったのです。

それは日本の戦後社会運動の巨大なパラダイム転換でした。なぜなら、前衛党(2)の組織論と運動論を、真正面から否定したからです。前衛党は将来の目的のために、現在の困難や抑圧に耐えることを強います——外にたいしても、そして党の内部においても。しかしフェミニズムは、現在が抑圧だったら、そのさきに解放が約束されるわけがない、と見抜いた。それは日常というものを戦場にしていった、女の発見であり知恵でした。男は非日常のなかで生きていたから、革命戦士のヒロイズムに浸っていられたのです。

近代とは、「いま」を大事にしてこなかった時代です。逆にそれを、現在志向とか刹那主義といっておとしめさえしてきた。そして、将来のためにいまを営々と刻苦勉励し、「がんばる」ことを子どもたちにも要求してきました。「そんなことで将来どうするの」「大人になったらどうするの」と、つねに子どもは「将来」から脅迫され、いまを楽しむことを許されませんでした。現在を奪われた存在、それが近代の子どもたちだったのです。

その点で、高齢化社会や高齢者たちの恋愛や結婚——「老婚」は、ポストモダンを生きるパイオニアの例を示してくれています。

近代における結婚や恋愛は、不純な選択原理で行なわれてきた気がします。女は、「私、あの人の将来に賭けたの」と言いますが、将来に賭けるというのは不純な動機で、一種の先行投資です。投資だからもちろん、アタリもあればハズレもある。

それが昨今流行のシルバー恋愛や老婚になると、子どもを生んだときにこの人がよい父になるかとか、この男がこれから出世するかとか、そういうことはもはや条件にはいりません。いま私を大事にしてくれるか、いま私が気持ちよくいられるか、それしか基準はありません。

しかし、裏話をしますと、老婚もそうきれいごとではいかない。老婚の斡旋《あっせん》をするボ

（2）前衛党

政治闘争・階級闘争で指導的役割をはたすとされている政党、すなわちここでは日本共産党のこと。マルクス主義によれば、前衛はもっとも優れた歴史洞察と力量を備えた精鋭であり、強固な規律によって後衛を指導する（べき）とされる。前衛vs.後衛の図式には共産党員のエリート主義と後衛とされた民衆にたいする蔑視があると批判されている。

ランティア団体「無限の会」(3)の和多田峯一さんというかたに、インタビューをしたことがあります。発足以来、何組も斡旋をした老婚カップルは、例外なくつぎのような組み合わせだった。男は自分より年下の女を選び、女は自分より年金の高い男を選ぶ、と。女も年金がついているから和多田さん——京都のかたなのです——が、「あんたさんにも年金がありますやろ、いっしょに持ち寄ったらよろしいやんか」と言うと、女の人は首を横に振るそうです。生活は相手の年金でまかなうのが原則。相手の年金は私の年金、私の年金は私の年金。こういう考えが女性に牢固として抜けないと言うのです。

老婚でさえ近い将来への投資であって、男にとっては看取り保障、女にとっては生活保障なのです。女性のほうも経済力や個人年金がついていれば、相手に生活保障など要求せずにすみ、こういう傾向は将来、変わるかもしれませんが。しかし、そうした将来への投資を、男女は愛の名において正当化してきたわけです。

会社と貸し借りナシの関係——フリーター

約束された未来のためにいまをガンバルという近代の成長イデオロギーは、日本型雇用(4)といわれる労働形態にも影を落としています。年功序列と終身雇用がそれです。年功序列というのは要するに後払い賃金制で、会社に長くいればいるほど報酬が高くなる。そうやって生涯を拘束するかわりに後払いを保証してくれるしくみです。その年功序列と終身雇用が、いま音をたてて崩れています。フリーターやアルバイト、契約社員が大量に登場してきました。フリーターや契約社員とは、会社との決済を将来におかずに現在に置く、という働き方です。後払いではなく、そのとき払いで決済する働き方がフリーターです。

松下電器が社員に、退職金を定年時にまとめて受けとるか、月々の給与に上乗せして受けとるかの選択制を導入した、という新聞報道がありました。退職金とはそもそも自分が稼いだ金です。それを会社が定年まで保管しておき、会社

（3）無限の会
和多田峯一が公務員退職後、京都で一九八一年にボランティアとして開設した、中高年者の結婚を斡旋する会。九四年時点で会員約六千人を擁し、開設以来八四〇組を結婚に導いた。

（4）日本型雇用
終身雇用、年功賃金、企業内組合の三点セットからなる、アメリカ生まれで五〇年代に日本に定着した労働慣行。大企業の男子労働者を中心に実施されてきた。終身雇用とは、新規学卒者を採用し、原則として定年まで雇用を保障する雇用関係のこと。年功賃金とは、若年期に賃金を抑制し、生産性が落ちた中高年期に高い賃金を払うという後払い方式であり、終身雇用とあわせて社員の企業への定着率を高める効果がある。しかしバブル崩壊後の大量のリストラに明らかなように、終身雇用が保障されなくなったいま、日本型雇用慣行は大きく揺らいでいる。

と自分との関係が安定して続いておれば、三十年後にそれを受けとることになります。しかし、あとで退職金を受けとるかわりにそれを現在の賃金に上乗せすることにして、そのどちらでも選べと社員に提示したら、半分が退職金なしのほうを選んだ、と報じられました。これは会社との関係を、おたがい貸し借りなしで、後払いではなくそのつど現在で決着させていこうという考え方です。

中途採用や転職組は給料が安くて不利だ、ということがしばしば言われます。それは後払いシステムをやっているからです。だから後払いシステムは、人材のフレキシブルな移動を抑制します。同時に、後払いシステムのなかでは年配者を年齢に見合う高給で遇さざるをえないために、高齢者の新規採用をも控えさせることになります。

年齢にかかわりなく、いつからでも、始めたときがスタートラインだと考えればよいのです。そのためには給与も年齢にたいしてではなく、職務にたいして支払う職務給や成果給に転換したほうがよい。報酬を後払いシステムから現在決済のシステムに変えていけば、終身雇用か中途採用かという垣根はどんどん崩れてゆきます。

もうひとつ、同じような業務をやっていながら、雇用の身分で差別が発生している現状があります。それは企業と労働組合が結託して正社員に既得権を与え、それ以外を排除してきたからです。パートやアルバイトの犠牲のうえに、組合員である正規雇用労働者の家族ぐるみの生活を保障すると同時に、労働者は過労死もいとわぬ滅私奉公を誓うのが、日本型労使関係でした。

しかし、正社員だろうが契約だろうがパートだろうが、やっている仕事や能力には変わりないし、会社に仕事を売るという関係においてはおなじはずです。おなじ仕事にたいしてはおなじ賃金を支払うべきだという「同一労働・同一賃金」の原則は、二十年まえなら歯牙にもかけられず、一笑に付されたでしょう。しかし、いまパート労働法(5)以後のパート労働者運動の最優先課題がそれです。働き方の多様化はウエルカム、ただし身分差別は許さないというルールを確立しようということです。

現在決済システムへの転換と同一労働・同一賃金原則が確立すれば、労働者はジョ

(5) パート労働法

一九九三年に制定された「短時間労働者の雇用管理の改善等に関する法律」のこと。パートタイマーを対象としたはじめての法律。現在、パートタイマーをめぐるもっとも重要な法的問題の一つが、いわゆる正規従業員との労働条件の格差である。しかし、日本の労働法規には、同一労働・同一賃金の原則を明記した規定はなく、パート労働法も、事業主にパートタイマーが「その有する能力を有効に発揮」できるよう努める努力義務を課すにとどまり、その改善が急がれている。そのほか、パート労働法では事業主にたいし、労働条件にかんする文書の交付、就業規則のパート関連規定の作成・変更の場合のパートタイマーの過半数を代表する者の意見聴取、「短時間雇用管理者」の選任などについて努力義務を課すにとどまっている。二〇〇八年に改正され、正社員との働き方の違いに応じて待遇を定めるよう定め、差別的取り扱いを禁止した。また、パート労働者への、労働条件の明文化、待遇説明の義務化なども盛り込まれた。

ブ・カテゴリーのあいだを自由に動けるようになります。いま、正規と非正規のジョブ・カテゴリーのあいだを移行するにはものすごく壁が厚い。その点では、労働組合にも責任があります。労組は正規雇用という稀少化しつつあるパイを既得権として必死に防衛している、守旧派であり抵抗勢力ですから。

私がなぜそういうことを言うかというと、もちろん社会的公正のためでもありますが、これから企業がコスト・パフォーマンスのよい労働者との関係をつくり出そうとしたら、そういう方向にならざるをえないと思うからです。労働者の身分差別のあおりを食らっているのはほとんどが女性です。そのために、女性の能力ややる気がどのくらいむだになっているでしょうか。女性ははなからお呼びでないわけですから。

ジョブ・カテゴリーのあいだを自分の選択で自由に移行できれば、女性だけでなくて男性にもメリットになるでしょう。高齢者も働きつづけることが可能になるでしょうし、フリーターの人びとへの不当な偏見や搾取を許さないことにもつながるでしょう。

多様なライフスタイルの共存へ

しかし、雇用の多様化——労働の柔軟化とも言います——は、もう一方では階層化と不可避の関係にあることを、見据えておかなくてはいけません。

これからの企業は、ひたすらダウンサイジング(6)とアウトソーシング(7)の戦略をとってくるでしょう。専門的職種や補佐的業務であるスタッフ職は、契約やフリーランスの労働者にどんどんアウトソーシングされる。それにたいして正社員はライン部門として会社の意思決定にかかわる少数精鋭部隊へと、ダウンサイジングされていくでしょう(8)。

正社員の人たちは意思決定労働者としてある種の特権階級になり、当然、高給をとって会社の運営に責任を負い、会社が損失を出したときにはそれをかぶることも余儀なくされます。その責任とリスクゆえの高給です。ただしその人たちは二十四時間勤務を要求されるような仕事の仕方を選ぶ人たちです。

(6) ダウンサイジング
大組織による中央集権的な経営をやめて、組織の規模を縮小・細分化し、それらの業務提携によるネットワーク型の経営に移行すること。アウトソーシングと連動して行なわれる。
(7) アウトソーシング
業務の外部委託のこと。外注ともいう。当初はコンピュータ関連部門が多かったが、現在ではあらゆる分野に及んでいる。
(8) スタッフ職、ライン部門
ここでライン部門とは、全般的な決定権を有し、企業の経営活動の基幹的な意思決定を行なう部門のこと。これにたいしてスタッフ職は、ライン部門の決定を受けて実際の業務にあたる専門的な業務をいう。

こうして貧富の階層化は避けられない状況になるでしょう。そのどちらを選ぶかは、仕事の優先度を自分の人生のなかでどこに置くかによるのではないでしょうか。

これまでは、仕事による自己実現が価値あることとされてきた時代でした。しかし、自己実現の喜びを味わえるような仕事に、すべての人がめぐまれるわけではありません。ほとんどの仕事は、他人のために自分がしたくないことをやってあげて、そのかわりに報酬を受けとるものですから。

そうすると、仕事の優先度を下げて自分の人生におけるシェアを減らし、逆に自分にとって優先度の高い活動——たとえ金にはならなくても——を人生のメインにもってくるという選択肢もあるでしょう。たとえば山が大好きで、山に登るために会社を転々としている人を知っています。日本の会社はヒマラヤに登るための三か月の休暇をおいそれとはくれないから、彼は山のほうを選択したわけです。

仕事を外注されるスタッフ職の人も、ライン職のような地位や報酬はなくとも、仕事の性格が自分の価値とかテイストにあっている人の場合には、仕事そのものがあたえてくれる喜びは金銭にかえられないということもあるでしょう。たとえ高給を提示されて正社員に誘われても、「私は現場が好きですから」と、それを蹴るのも選択です。このようにして、地位と金の一元価値にたいして、価値の多様化が起きてきます。階層化とはべつな言葉で言うと、選択肢と価値の多様化であり、おたがいが一元尺度で競わないし、競う必要がなくなる社会になることです。ただし、その場合、処遇の違いがあるということを、おたがいが合意しなければなりません。そして、私はこういう生き方を選んだのだというかたちで、自分のライフスタイルを確立しなければならない。フリーターや派遣社員として生きていくことも大いにけっこう。そのことが不公正や差別をもたらさない制度の整備には、私たちは大いに努力すべきでしょう。しかし、それは自分自身のライフスタイルをつくりだすための基礎条件にすぎません。

アメリカという社会はその点ひじょうにおもしろくて、たしかにきびしい競争社会なのですが、同時にその競争から降りたライフスタイルで生きていくことも可能にする、社会的な「すきま」がとても多い社会でもあります。さまざまなユニークなライフスタイルが平気で共存していて、おたがいにそれを比べあったり競いあったりしない。

ＮＰＯやボランティア団体もそうした「すきま」のひとつで、どこかにはいりこめばそれなりに自分の居場所があるし、競争社会からはずれて生きてもかまわない。だれもがおたがい似かよった、画一的なライフスタイルで生きなくてもいい。ウォール街のエグゼクティブなビジネスマン、その隣のハーレムで貧困児童とかかわるＮＰＯ、さらにカリフォルニア山中でのコミューン暮らし……さまざまな生き方が並立していて、それがアメリカ社会を多様でおもしろいものにしているのではないでしょうか。

身分制社会とはそういうものです。士農工商の身分ごとにライフスタイルがあって、おたがいにその垣根を超えないように統制されていた。それが崩れて、みんなが一元的に武士階級のまねをしはじめたのが日本の近代化でした。

それを梅棹忠夫(9)さんはサムライゼーションと呼びました。日本の近代化にもう一つべつの選択肢があったとしたら、それはなんだったか? 梅棹さんはそれをチョーニナイゼーションと名づけました。金と権力に価値を置かず、宵越しの金を持たない現在志向の町人的ライフスタイルです。

私は身分制がよいと言っているわけではありません。たがいに羨まなくてすむ多様な選択肢があって、そのあいだで自由に選択したり、そのあいだを自由に移動できればいいと思っているのです。だれだって努力しさえすれば金と権力が手にはいるという、国民総サムライゼーションの幻想に巻きこまれて馬車馬のように走らされてきた近代百五十年が、ようやく転換を迎えています。いいことではありませんか。

「二流エリート」としてのオウムの若者

ポストモダンの日本で、大量のフリーターの若者たちにも劣らず大量発生しているのが大学院生です。教育年限がどんどん伸びて、超高学歴化が起きている。大学だけでは足りなくて大学院へ進学することがあたりまえになり、その大学院での在籍年限も、どんどん長くなる傾向があります。

これを人的資本のための投資と考えると、ほとんど不必要な、過剰な域に達していまず。日本の社会はこんなに大量の修士や博士を必要としていませんし、他方、さきほど述べたように、実際の大学院の教育課程が投資にふさわしい教育効果をもっているとは、とても思えないからです。なぜこんなにムダなことが起きているのでしょうか。

ブルデューは、学校が優勝劣敗の競争敗者に自分の劣位を納得させるためのふるい分けの装置だと論じたさいに、あわせてひじょうに皮肉なことを言っています。「教育年限の延長というものは、二流のエリートに自分の二流性を納得させるまでにかかる期間の長さである」と。じつにミもフタもない話です。もとより彼の教育社会学そのものが、フランスという階層社会にたいする労働者階級出身のアカデミシャンとしての、彼の辛らつなまなざしに発していて、階層上位者が上位にいることの根拠のなさを暴き出すと

(9)　梅棹忠夫（うめさお・ただお）　一九二〇年生まれ。国立民族学博物館初代館長、現在同名誉教授。動物生態学を修め、世界各地で探検・調査を行なう。のちに文化人類学に転じ、『文明の生態史観』（一九五七年序説発表、六七年刊行／中公文庫）を著す。ここで梅棹はユーラシア大陸に存在する諸文明の差を大陸の生態的構造から説明し（これを生態史観という）、論壇に議論をまきおこした。その後も諸文明を一貫して比較研究する比較文明論を主張・実践してきており、多数の著作がある。

いう、ミもフタもない仕事をやってのけたのがブルデューですから。日本に来たときに私も講演を聞きに行きましたが、人相風体、まことに「労働者」風でした。

しかし、「二流のエリートに自分の二流性を納得させるまでにかかる長い期間」とは、なんと皮肉な言葉でしょう。民主主義とは劣位者が自分の劣位に同意する、その合意の調達システムだと言ったときに、いちばん合意が調達しにくいのは、エリート層にまで成り上がったものの、二番手に甘んじているセカンドクラス・エリートだからです。

大学や大学院とは、この二流エリートのもっている潜在能力なりエネルギーを、反社会的な行動に誘導しないために角を矯《た》め、彼ら自身が自分が二流であることを納得するための装置であり、大量の大学院生を抱えておくためのコストは、こういう教育システムをつくってしまった社会が支払うべき社会的コストなのかもしれません。

そうしなければ、たしかに二流エリートは支配的エリートにたいする対抗エリートとして体制を脅かし、手を焼かせてきましたから。戦前は大蔵官僚や内務官僚が帝大出身なら、共産党や労組の幹部もまた帝大出身でした。もっとも、いまはそれほど単純ではなくて、なにが支配的エリートでなにが対抗的エリートか、選択のはばが広がっています。そのチャネルの一つが、高学歴の信徒が多いことで知られたオウム真理教[10]でしょう。

支配的な権力に対抗するがわの特徴でおもしろいことは、支配的な価値をちょうど裏返したような組織をつくりあげてしまうことです。「牢名主」がそうで、支配的な価値のもとではもっとも極悪非道とされる、もっとも刑期の長い犯罪者が、逆に牢屋のなかではトップに君臨する。しかし、価値こそ逆転しているけれど、つくりあげたしくみは娑婆にあるもののそっくり引き写しです。

オウムも、グルと弟子とのあいだに、教師と生徒のような評価し評価される関係をつくり、信徒どうしのあいだで競争が行なわれました。しかも、教団のなかは位階がひじょうに細かくわけられ、それをステップアップしていくカリキュラムはまさに学校制度です。支配的価値から逃れてきたというのに、「サティアンのなかではみんな平等だよ」とはならない。対抗組織というのはそれが敵対していたはずの支配的社会を、気づいたらそっくり模倣してしまう傾向があります。

しかも、そこはグルに認められることで自分が評価される世界です。サリンをまけと

(10) オウム真理教

麻原彰晃（本名・松本智津夫）を教祖（グル）とする新興宗教団体。一九九五年三月、地下鉄に猛毒サリンをばらまく無差別テロを起こし、同年五月に麻原が逮捕された。この地下鉄サリン事件だけでなく、坂本弁護士一家殺害事件、松本サリン事件、信者リンチ殺人事件など数々の重大な犯罪を起こしていたことも明らかになった。信者はグルを頂点とするヒエラルキーによって格づけされており、上位の信者には学歴エリートが多い。

いわれたらまき、それが業績として評価され、やれなかったやつに差をつけることができる。グルの意向に沿えたことに満足を感じる。学校的価値を遠く離れたつもりのサティアンのなかで、もうひとつの学校をつくってしまった。そして社会を現実におびやかしてしまった彼らは、二流エリートの典型的な行動パターンだといえるでしょう。

しかし、それはひとりオウムの若者たちだけではないはずです。自分で自分の評価ができない、他人の目でしか自己評価できない従属的な意識は、学校で叩きこまれてきた習い性のようなものです。しかも、「だれかのために」「なにかのために」という大義名分がないと、自分を肯定したり評価したりすることができない。

最近、公共性の復権とか公的価値のためにということを、声高に唱える手合い――「新しい歴史教科書」一派ばかりでなく、右も左も――が跋扈《ばっこ》していますが、そういうかけ声を聞くと、私はじつにおぞましい思いがします。なにか理想化された公的価値や理念のために現在とか自分があるという評価軸は、マジメな人のマジメな評価軸です。これこそが「学校的価値」というものでした。

他人の価値を内面化せず、自分で自分を受けいれることを「自尊感情」といいます。オウムの若者たちは、この自尊感情を奪われた若者たちでした。

ならば自尊感情はだれが植えつけてくれるのか。他人から尊重された経験のない人は自尊感情をもてない――これはフェミニズムがずっと言ってきたことでした。エリートたちが育った学校は、彼らの自尊感情を根こぎにした場所でもありました。学校が自尊感情を奪うのは、劣位者だけからとはかぎりません。学校は優位者にたいしても、彼らの人生をなにかの目的のためのたんなる手段に変えることで、条件つきでない自尊感情を育てることを不可能にする場所なのです。

一生を余生のように生きる「だめ連」

オウムが対抗エリートとして、支配的エリートの陰画を演じてしまった二流エリートだとしたら、自分が二流であることを受けいれたうえで、競争から降りる生き方を選択したのが「だめ連」(11)の若者たちです。

だめ連の若者たちは、ほとんど一流銘柄大学の出身者です。その彼らが、これまで自

(11) だめ連
一九九二年に活動開始。モテない、職がない、金がない……など「だめ」を自認する人びとが集まり、孤立して「だめ」をこじらせないように傷を舐めあう交流会。「ハク」「うだつ」のプレッシャーから解放されたオルタナティブな生き方をまったりと模索しており、注目が集まっている。著作に『だめ連宣言!』(作品社・一九九九)、『だめ!』(河出書房新社・一九九九)、『だめ連の「働かないで生きるには!?」』(筑摩書房・二〇〇一)などがある。

分を駆り立ててきた「身を立て名を挙げ、やよ励めよ」(唱歌「仰げば尊し」)という立身出世イデオロギーにはっきりアンチテーゼをつきつけた。学校行かなくてもいいじゃないか、就職しなくてもいいじゃないか、結婚しなくてもいいじゃないか、ダメでいいじゃないか……。おもしろい人たちが出てきたなと思いました。

しかも、彼らは高学歴者ですから言語的な自己表現力が卓越しています。イデオローグであるための条件を備えている。ダメであることの正当性を滔々《とうとう》と語ろうと思えばできないわけではない。でも、ダメであることに価値がある——裏返しの価値がある、ということを声高に主張するわけでもない。機関誌を出してアピールするわけでも、組織活動をして党勢拡大をはかるわけでもない。ただ「交流」と称して、来たい人を受けいれているだけ。こういう「がんばらない」運動のスタイルもとてもおもしろい。なにかの目的のために努力する、これまでの運動とは異質なスタイルです。

そして、これで社会が変わりますかと聞かれても、「変わらないんじゃないですか」とシレッと言う。ほんとにポストモダン的というか、宮台真司さんのいう「終わりなき日常をまったり生きる」(12)ためのひとつの作法——私としては、ほとんど「生の技法」と言いたいところですが——だと思います。

社会的には、オウム的なものにリクルートされて、マジメに反社会的な行為をやられるよりも、だめ連的なものにつどってくれるほうが、ソーシャルコスト(13)は安くてすみます。ハッキリ言って、だめ連の人たちは無害ですから。

「引きこもり」の人たちが一説に百万人と言われたことがあって、それが社会のお荷物になる、とまたぞろ社会防衛的な言説が流されましたが、引きこもっている人たちは、べつにキレたり反社会的な行為をするわけではありません。基本的には平和な人たちです。そういう人たちをメンテナンスしていくソーシャルコストのほうが、ハードな治安維持のためにかかるソーシャルコストより安くすむならば、それはそれでいいではないか、と私は考えています。

それをブルデュー的に考えれば、だめ連や引きこもりは後期資本主義社会におけるセ

(12) 終わりなき日常をまったり生きる

宮台真司の著書『終わりなき日常を生きろ』(ちくま文庫)より。「終わりなき日常」とは大きな物語が崩壊した後の、なにが良くてなにが悪いのか自明でない世界のことである。この終わりなき日常を否定すると、白黒のはっきりしたファンタジー(架空の設定)を生きることになり、他人を傷つける結果となる。オウム真理教がそのいい例である。宮台によれば、われわれは相対的で不透明な日常に耐える知恵を身につけなければならない。「まったり」とは気負わず脱力した状態のこと(若者のスラング)で、終わりなき日常を生きるためのひとつの知恵である。

(13) ソーシャルコスト

社会費用。ここでは犯罪の防止や治安の維持に警察力強化というかたちで、納税者が目に見えない負担を背負うことをいう。

カンドクラス・エリートのための「社会的ニッチ」だと言えます。ニッチというのは階段の踊り場や部屋の隅にあるちょっとした窪みで、お花や置き物などが飾ってある、あってもなくてもどうでもいいむだな空間、すきまのことです。そうしたニッチを許容しておくと、セカンドクラス・エリートたちがそこで競争社会の風圧を避けて静かに暮らしてくれるならば、後期資本主義社会のなかで大量に発生した二流エリートを維持するための、安あがりな仕組みとしてはよくできていると言えるでしょう。

なるほど、そういう生産性の低い人たちからは税金や社会保険料が徴収できないとか、国力が下がるとかいうことで、彼らを声高に非難する人はいるでしょうが、それはもう一方に生産性の高い人材がいればすむことです。

思うにだめ連の人びとは、ある種の早すぎる老後を生きているのでしょう。老後というのは、現在の代償として将来にお預けにされていた報酬のようなもので、それを先に早くからいただいて、いまを楽しみましょうという生き方がだめ連です。先延ばしされた報酬のために現在を手段として犠牲にするという生き方を日本人が捨てて、いま・ここを大切に生きるようになるのであれば、こんないいことはないと私は思っています。

フリーターは夢ばかり語るというが

フリーターの若者たちへの論評や分析で最近、目につくものに、フリーターの若者たちはいろいろ夢は語るが、そのために現在、なにかの準備や努力をやっているわけではない、ただフリーターとして日を送るばかりで、自分を見据えることを先延ばししている、それはある種の現実逃避ではないか、というものがあります。山田昌弘(14)さんなどは、そうしたシニカルな見方をしています。

しかし、私はフリーターの生き方じたいが、「将来の夢はなんですか」という業績主義の価値観からハズれたものだという気がしています。

もうひとつ、そうしたフリーターへのインタビューに答えて「夢」を語る若者たちは、したたかな狡知《こうち》の持ち主でもあります。若者たちがインタビュアーの質問に答えて夢を語るというのは、「あなたに私の本音なんか言うつもりはないよ」というメッセージで

(14) 山田昌弘（やまだ・まさひろ）
一九五七年生まれ。中央大学文学部教授。専門は家族社会学・感情社会学。鋭い分析と現実的な提言をつぎつぎに発信しており、現代家族を語らせたら彼の右に出る者はない。また、親元に居座りつづけてリッチな生活を謳歌する独身男女を「パラサイト・シングル」と名づけ、流行させた張本人でもある。著書に『近代家族のゆくえ』（新曜社・一九九四）、『家族のリストラクチュアリング』（新曜社・一九九九）、『パラサイト・シングルの時代』（ちくま新書・一九九九）、『希望格差社会』（筑摩書房・二〇〇四／ちくま文庫）など。

もあるのです。

いまフリーターをしているのは将来の夢のためで、その夢はこういうもので……という、相手を納得させやすいお手軽な答を提供することでインタビュアーを黙らせる。裏返せばそれは、自分の本音を行きずりの、わかってくれそうもない、紋切り型の質問をするおまえなんかに――「夢はなんですか」という質問じたいが紋切り型の極致ですから――私がほんとうになにを大切だと思っているか、言ってやる義理はないよ、というメッセージです。

それは援助交際の少女たちが、なんでやってるのと問われて「お金のため」と答えるのと同じでしょう。援交少女たちの「お金のため」という答を真に受けて、大衆消費社会における物質的欲望の弊害とか、消費社会における女性の主体化とか、もっともらしく語る評論家と称する人びとがいっぱい出てきたときに、私は鼻でせせら笑っていました。私が笑うというより、こういう「解説」を読んだら、「お金」と答えた援交少女たちは鼻で笑うだろうなと思いました。お手軽な答に納得して、そのうえで自分にわかりやすい解釈図式をつくりあげる大人たちにたいして、アタシはそんな図式のなかにはいないよ、と彼女たちは思ったことでしょう。

フリーターの若者がなにを考えているかは人それぞれで、一般化なんかできません。フリーターへのインタビューを読むと、すごくたくましくいまを生きている人もいれば、現実逃避的に生きている人もいる。さまざまです。フリーターとは規格にハマらない人たちの総称、なんでもはいるゴミ箱のような残余カテゴリーの一種ですから。そういう人に、あなたの現在は将来への手段なのだから、将来の目標はなに？　いまどんな努力をしてるの？　と聞くことじたいがどれほど押しつけがましいか、フリーターにかかわる大人たちはわかっていないのではないでしょうか。

「持ち寄り家計」という生き方

それでもフリーターの若者たちを「ふらふらしている」と非難したり、「正社員になって落ち着きなさい」と心配する大人たちはいることでしょう。そういう大人たちは、正規雇用というパイが一生にわたって保証される、日本史上でも稀有な時代を生きた「幸福」な人びとです。そういう人びとは、自分の人生をたった一つの収入源に結びつけ、そのために自分の能力や生き方を特化する——職業に特化したり、会社に特化した人たちです。そういう人たちを専門家といいますが、専門家は他の分野では使いまわしがききません。特定の会社に専門・特化した人も、他の会社では使いまわしがきかないのはおなじでしょう。

専門家になるというのは、分業構造のなかで自分を手段的な部品に変えていく、近代社会に特有の生き方です。しかし人間の生活には大きな多様性がありますから、あれもしたい、これもしたい、というのが人生ではないでしょうか。生きることには専門家なんかいるわけないのだから、専門家になどならない生き方を選ぶことも「あり」でしょう。

自分の人生をたった一つの収入源に縛りつけ、専門に特化する生き方から、一人の人がシングル・インカムだけでなく、少額でもダブル・インカム、トリプル・インカムを持ち、それを複数の人と持ち寄って、「持ち寄り家計」でやっていくことだって「あり」だと思います。

現実に老後を考えてもそうで、これからの世代はもはや年金だけに依存することはできないでしょう。ただ、基本収入の一つにはなる。そこに有償ボランティアで月に何万かは入る。パソコンが得意な人ならインストラクターをときどきやってあげて、わりと効率のいいバイトになる。それから庭で家庭菜園をやって、新鮮な野菜は買わずに手にはいる。田舎のお友だちが現物でお米を毎年送ってくれる。宅急便でいろいろなものが届き、それを友人どうしで交換する。ときどき原稿料や印税がはいる……。

こういうマルチ・インカムのセルフ・エンプロイド、つまり自営業はフリーターに似ています。家業でなくて個人ですから、自営業というより個人事業主、フリーターというよりフリーランスと言ったほうがよいかもしれません。

フリーランスとはだれからも雇われない、自分が自分の雇い主であり、しかも多角経営の生き方です。高齢者だと、もはやだれからも「将来の夢はなんですか」とは聞かれないのに、フリーターだとなぜ聞かれるのでしょう。そうやって若干の現金とサービスや現物がぐるぐる回っていく。最近はやりの「地域通貨」(15)や「エコ・マネー」(16)などが、そういうカネを媒介にしないやりとりを可能にしています。

マルクス理論では、自営業者を旧中間層と呼び、フルタイムで働く雇われ労働者を新中間層と呼び、旧中間層から新中間層へなだれをうって階層移動が起きると考えました。しかしそれはまちがいでした。おもしろいことに、不況になるたびに自営業というカテ

(15)　地域通貨
国の法定通貨とは違い、市民が自分で発行して、限られた地域内でのみ流通させる通貨のこと。利点としては、(1)借りるときに利子を設定しないために貧富の差が生じにくい、(2)地域に購買力を根づかせることで地域の活性化につながる、(3)新しい人間関係の創出、(4)余剰労働力の活用に有効、などが挙げられる。すでに流通している有名な地域通貨に、イギリス・カナダ・オーストラリアの「LETS」などがある。

(16)　エコ・マネー
日本で使われている地域通貨の一種。イギリスのLETSを参考に、通産省の加藤敏春が提唱者となってはじめられた。主にサービスの交換のみに使用を限定している。「エコ・マネーは、お金では表せない善意の価値交換をするあたたかいお金」というスローガンを持ち、象徴的な意味づけを持っている点が特徴的。北海道の栗山町で実際に使用されている。

ゴリーの職種の人びとが数パーセント増えるということがわかっています。だから自営業は究極のサステイナブル・ライフ——持続可能な生活スタイルだと言えます。上司はいない、だれからも雇われない、命じられない。最高じゃないですか。

フリーターを多角経営の自営業者だと考えれば、いまフリーターをやっていることは将来、正社員になるための手段だと考えなくてよくなります。一生、セルフ・エンプロイドでやっていくのも「あり」だと思います。老後はどのみちセルフ・エンプロイドになるわけですから。それを世間や親は「ふらふらしている」と言うでしょうが、フルタイムの正社員であることをすべての人がスタンダードな生き方だと考えていた時期は、日本の歴史でもここ最近だけのことでした。その時代は終わろうとしています。

私は自営業的な生活をずっとやってきた人間です。国立大学の教員ですからいちおう公務員（二〇〇四年以降は国立大学法人職員）なのですが、公務員であるとか教師であるというのは、私のさまざまな活動の一つにすぎません。だから、いつそれがなくなっても生きていける。多角化は、人生のリスク・マネージメントの一つです。

ゴー・バック・トゥ・ザ百姓《ひやくせい》ライフ

人生を多角的に、多面的に、生きればよいと思います。二十四時間、一つのことに縛られる必要などありません。

ずいぶんまえのことですが、大阪のある生協のワーカーズ・コレクティブの女性たちから、こんな相談を受けたことがあります。

彼女たちは中華ちまきを手作りして、それを一個百六十円という良心的な価格で売り出す仕事を始めました。値段も手ごろで質も高いものだからたいへん評判を呼び、冷凍宅配便を始めたら十個二十個という単位で注文がきて、ひじょうにマーケットが広がった。数人ではじめたコレクティブで週に三日、一日五時間ずつ働いていたのが、だんだんと需要が増えて事業拡張の必要に迫られた。こういう状態になったのですが、私たちはどうしたらいいでしょうか、というものでした。

私は言下に、「おやめなさい」と答えました。週に三日、一日五時間ちまきを巻くのがいまのあなたがたの生活なら、それを週に六日、一日八時間ちまきを巻く生活に変えたいですか、と。

あなたがたがいまワーカーズ・コレクティブという働き方をしているのは、あとの週三日の自由を確保したいためではないのですか？　週に六日、八時間ちまきを巻く人生はあなたが望んでいたものですか？　これが営利事業なら、事業拡張の機会を逃すのは言語道断の選択でしょう。だけど、それは結果や業績という目的のために仕事が手段になっている場合です。仕事を手段としてではなく、自分たちの楽しみや生き甲斐とし、仕事もやりほかのこともやる、そのために選んだワーカーズ・コレクティブという働き方なのですから、仕事を増やすことはありません、と即答しました。

そう言っている私が、こんなにたくさん仕事を引き受けて、身動きのとれない状態になっているわけですが、そのかわり私は研究室のスタッフのだれからも同情されません。「好きでやってるんでしょう」って。上司のいない、ノルマのない人生ほどいい人生はありません。自営業はいいですよ。

私はこれを、歴史家の網野善彦(17)さんにならって「ゴー・バック・トゥ・ザ百姓《ひゃくせい》ライフ」と言っています。網野さんによれば、百姓とは定住稲作農耕民のことではありません。「ひゃくせい」とはもともと「くさぐさのかばね」を指し、多角経営の自営業者を意味しました。現金収入・現物収入を自在に組み合わせ、季節のサイクルに合わせて生業《なりわい》を組み立てる。半農半漁の海辺の民などは、農業収入の少なさだけに目を奪われていては見誤るほどの、ゆたかで多彩な生活を送っています。究極のサステイナブル・ライフと言えるでしょう。

フリーター的人生にはさきざきの保障がない、と言われてきました。アリとキリギリスの例を引いて、いまを楽しく生きようとすることは、道徳の面からもおとしめられてきました。しかし、この不況のおかげで将来の保障はいまやだれにもなくなっています。将来のために現在を犠牲にした人にも、かならずしも将来の報酬が保障されなくなりました。そうなればだれにも「現在《いま》」の価値を見直す気持ちが生まれてきます。とてもステキなことではありませんか。

自分で「ああおもしろかった」と言える人生

自分の人生に最後に評価をくだすのは、親でも先生でもありません。自分が死ぬときには、親も先生もこの世にいない。自分の人生に「ああおもしろかった」「生きてよかった」と言えるのは自分だけです。だったら、自分がいちばん納得できる生き方をしてみませんか。

なるほど、ヒットメーカーと言われるような人たちは、口をそろえてこういいます。「自分が好きなことだけやってきた」と。だから好きなことだけやっていると、自分も

(17)　網野善彦（あみの・よしひこ）

一九二八〜二〇〇七。日本中世を専門とする歴史家。『無縁・公界・楽』（平凡社・一九七八／平凡社ライブラリー）は人と人を結ぶ普遍的な原理について、ヨーロッパ出自の「自由」や「平和」などの概念ではなく、中世日本の「無縁」「公界《くがい》」「楽」という概念でとらえなおそうという試みであり、歴史学のみならず社会学の領域にもインパクトを与えた。「非農業民」や「海民」「職能民」への注目から、日本史を大胆に書きかえ、網野史学と呼ばれる。

ああいうヒットメーカーになれて、おまけにお金も儲かるかも、と思う人がいるかもしれない。しかし、だまされてはいけません。第三者から評価され市場でヒットするものは、百のうちの一つか二つもありません。一将功成り万骨枯る。ひとりの成功者のうしろには、九十九人の落伍者がいる。あるいは一つのサクセスのまえには、九十九の失敗がつきものです。

しかし、自分が好きなことだけやった結果を第三者が評価しようがしまいが、自分が好きなことだけやって生きてこられたなら、それでOKではありませんか。人に言われたことばかりやって人に頭をなでてもらう生き方と、人に言われないことを勝手にやって、自分で「あーおもしろかった」と言える生き方と、どちらがいいかです。

もちろん、いまの若い人たちは二言めには「好きなことが見つからない」と言いますが、親や教師に言われるとおりのことをやっているとき感じる違和感のなかに、自分がほんとうはやりたいことのヒントがあるのです。ただそれに確信がもてない、自信がないだけ。だれもそれをサポートしてくれないし、逆に水をあびせるからです。若い人の「好きなことがわからない」を、額面どおりに受けとっていいかは疑問です。

このあいだもある高校で千七百人のまえで講演をしたあと、発言したい人を募《つの》ったら、ちゃんと手をあげる子が何人もいました。驚きました。ある女の子は、「私の親は大学へ進学しろというけれど、進学したっておもしろくない。私は古着が好きだから、大阪へ行って古着屋をやりたい」と、千七百人のまえで言うのです。私は「いいところに目をつけたわね、よく大阪って思いついたわね。大阪はアメリカ村(18)なんかがあって、大資本に食われずに若者が新しいマーケットをちゃんとクリエイトしたところ。でも、なにごともマーケット・リサーチはだいじだから、今度のお休みに大阪へ行って、実際に仕事を始めた先輩に話を聞いてごらん」とこたえました。

もうちょっと偏差値が高い学校で講演したときには、ある男の子が「ぼくらはつまらない学校教育を受けてきたことが、上野さんのお話でよくわかりました。こんなつまらない教育を十八年受けてきたぼくらは、これからどうしたらいいんだろう」と、先生がたのまえで堂々と発言しました。私は、「君がそう思ったときに、君はすでにそこから脱しているのだから、とり返しはいつだってつくよ」とこたえました。これも忘れられない一こまです。

ほんとうに好きかどうかは、やってみないとわからないでしょう。やってみたら失敗

(18) アメリカ村
大阪の長堀通りから道頓堀までの範囲に広がるエリアで、関西若者文化の発信源。かつては倉庫や従業員寮、住宅などが並ぶ地域であったが、アメリカの若者文化が流行した一九七〇年代、若者たちが倉庫で自分の好きな古着やジーンズを売りはじめた。やがて口コミで関西の若者のあいだに広がり、現在に至っている。アパレルや雑貨の店が中心だが、現在は大手百貨店や観光客用のホテルなども進出している。

もあります。失敗があればやり直せばいい。それだけのことです。そうやっているうちに、私はこれしかできない、と思うこともあるでしょう。そのときは、その道一筋でやっていけばいい。それでも、あれも好き、これも好き、といろいろなことに気が多かったら、あれもこれもやったらいい。それで食えることもあれば、食えないこともあるでしょう。食うためには食うための仕事を必要なだけやればよい。そのためには人さまにお役にたつスキルの一つや二つは身につけておいてもいい。

大事なことは、いま、自分になにがキモチいいかという感覚を鈍らせないことです。それこそが「生きる力」なのですから。

注制作　金田淳子
文庫化にあたり、多少の訂正を加えた。
なお、外国人著作は原書の刊行年を記載。

あとがき

私の職業《なりわい》は大学の教師です。私はそれでたつきを立てています。たいがいの職業と同じく、好きでなった商売ではありませんが、私は教師という職業に相当の時間とエネルギーを投じていますし、学生には責任を感じてもいます。これが私の「現場」です。その現場で、私は試行錯誤をくり返しながらさまざまな実践をしてきましたし、その現場から見えてきたものもあります。

私は教育を受けるがわとしては義務教育から高校まで、そして留年をふくんで大学から大学院、そして二年間のオーバードクターまで、計二十四年間の超長期にわたる学校生活を送ってきました。

他方、教育するがわとしては、専門学校から大学院まで、弱小私学から旧帝大系の国立大学まで、偏差値四流校から一流校まで、非常勤から専任まで、外国の客員教授をふくめて、ふつうの大学教師よりも巾の大きい教育経験を持っています。

私は教育学の専門家ではありませんが、学校教育の受益者にして被害者であるという点で、当事者のひとりとして発言してもよいでしょう。

私は優等生でしたから、優等生の悲哀や不安を知っています。私ははみだしでもありましたから、はみだしのつらさや気概も知っています。自分自身がたちの悪い学生でしたから、学生が教師をどんなに批判的な目で見ているかを知っています。

スポットライトを浴びる舞台に立ったとき、舞台から聴衆は見えませんが、客席からは壇のうえの演者のあらはよく見えるものです。一時間もひとまえでしゃべれば、その人の長所も欠点も、まるはだかに見えてしまう……。私は今でも学生から聞いた同僚の評判を、いちばん信用しています。

自分が教師にたいしてきびしい批評家であったとき、私は将来自分が教壇に立つことなど、予想もしていませんでした。そのツケはみごとに自分自身にはね返ってきています。しかも大学院ではふつう、研究者の養成はしても、教壇に立つ教育者としての訓練や準備がありません。私は教壇という水のなかにたたきおとされ、現場で悪戦苦闘しながらオン・ザ・ジョブで教師がサービス業だということを学んできました。

私は今の教育に危機感を抱いています。その危機感は、日本のトップ校といわれる大学に〝とらばーゆ〟して、深まりました。偏差値競争の勝者も敗者もどちらも幸せにしないシステム、子どもたちが一日でいちばん活動的なプライム・タイムを死んだようにして過ごす場所が学校だとしたら……、教育のいちばんの被害者は子どもたちにほかなりません。そしてこういう教育のなかから、次世代型の人材が育つはずはありません。

教育のほころびをつくろうのは、もはやひとりやふたりの「金八先生」の手にあまります。

私は「構造改革」が、ようやく教育の分野にまでおよんできたことをひそかに歓迎しています。

本書は、そういう私が教育という「現場」で考えつづけてきたことを語りおろしたものです。こういう本をつくろう、と提案してくださったのはもと東大生でいまはフリーランスの編集者、永易至文さん。学校にもっともふかく呪縛されている者が、学校的価値を超えることができる、ということを、実践してみせてくれました。この本はかれの熱意の産物です。的確で生きのいい注を書いてくださったのは、東京大学大学院に在籍中の金田淳子さん。教師としての私の、受益者でもあり被害者でもある、上野ゼミ生の一人です。

イラストを描いてくださったのはイラ姫さん。子どもだったころの心を忘れないおとなです。装丁はいつものように鈴木成一さんにお願いしました。このコンビは、信田さよ子さんの『子ども虐待出口あり』（講談社・二〇〇二年）とおなじコンビです。大好きな信田さんの本と、姉妹本のようになりました。刊行を引き受けてくださったのは太郎次郎社。まさか自分がここから本を出すことがあろうとは、思ってもみませんでした。

今回もいろんなかたたちに助けられました。最後に私が教師として接したたくさんの学生さんたち。この本はあなたがたの「作品」です。ありがとう。

二〇〇二年春

上野千鶴子

文庫版あとがき

二〇〇二年に単行本が出てから六年たちました。

小さな出版社から出してもらいましたが、口コミでたくさんの人に読んでいただきました。このたび、ちくま文庫から再刊していただけるとのこと、うれしい思いです。

読み直してみましたが、時代に合わせて書き換えなければならないと感じるところはありませんでした。格差が言われ、非正規化が問題にされていますが、わたしの立場は「労働のフレックス化はOK、だけど差別は許さない」というものです。終身雇用を希望する若者が増えた、と聞きますが、「仕事を売っても、人生を売るな」も、変わりません。出たり入ったりが自由な職場ができればよい、それに差別や格差が伴わなければよい、と今でも思っています。そして、ひとつの仕事からシングルインカム・ソースを得るという正規雇用がベスト、とも思っていません。

「好きを仕事に」とは、書いてありませんが、今ならもう少し、こんなふうに強調するでしょう。

「好きなことはカネにならない、と心得るべし。だから好きなことをやるために、他方でカネになること、つまり他人の役に立って、他人のフトコロからカネを出してもらえるスキルのひとつやふたつは、身につけておいたほうがいいよ」と。

だって、「わたしの好きなこと」が「あなたの好きなこと」といっしょなわけはないし、そもそも「好きなこと」って、カネになってもならなくても「やりたいこと」の別名なんですから。「好きなこと」が「たまたまカネになる」ということもありますが、それは偶然のファクターが大きいですね。

それよりいちばんだいじなのは、「何が好きか」「何がキモチがよいか」という感度をにぶらせないこと。「できること」と「好きなこと」とはちがいます。「できること」を「好きになる」ことができればそれもよいかもしれませんが、それだけでもさびしいですね。というのは、「できること」ばかり追求してきて、「何が好きか」がわからなくなった若者に、たくさん会いすぎたからです。

文庫版を出すにあたって、イラ姫さんに、ふたたびオリジナル・イラストでご登場ねがいました。単行本は、イラ姫さんの表紙で売れた、と言われたくらいです。単行本のときから評判のよかった「注」の執筆者は、金田淳子さん。いまや「やおい」研究の第一人者として業界に名を馳せていますが、いつまでも「卒業」してくださらないので、指導教員としては困っています。解説をお願いした北田暁大さんは、もと上野ゼミ生。教師としてのわたしの受益者でも被害者でもある彼に、どんなことを書かれるか、どきどきものです。担当の編集者、喜入冬子さんは、もと『現代思想』の編集者、雑誌が「学校」だった幸せな経験を持っています。つきあいの長い彼女とまたこんなふうに組めました。文庫版の刊行をお許しくださった、永易至文さん、太郎次郎社さん、ありがとう。

そして最後に、なんど言っても足りないのですが、わたしの学生になってくれた人たち(もぐり学生も含めて)に、ありがとう。教師を育てるのは学生さんだからです。好きでなった仕事ではないけれど、あなた方と出会えて、教師になってよかったな、と心から思えるようになりました。

二〇〇八年夏

上野千鶴子

解説 「で？」という問い

北田暁大

自分が上野千鶴子の文庫解説を書くことになろうとは夢にも思わなかった。さらに対象本が『サヨナラ、学校化社会』と聞いて、「はて？ 教育問題に触れたことのない私がなぜ？」と不思議に思ったのだが、考えてみれば、私は上野さんのもとで卒業論文を仕上げた上野ゼミOB、つまりは教師としての上野千鶴子の「受益者であり被害者」の一人であった。と同時に、今現在大学の教壇に立つ「加害者」の一人でもある。その立場から上野さんの学校化社会論を論評せよ、というレポートが課された、ということなのだろう。かなり困難な課題だが、とりあえず元ゼミ生として何とか「可ぐらいはやらざるをえない」感想文を目指して書いてみたいと思う。

＊

唐突で申し訳ないのだが、私は自分自身が東京大学の学生であった頃から、教員となった現在にいたるまで、一貫して「東大生の東大生語り」が大嫌いである。大嫌いという言葉では言い足りない。東大生が「東大生って……」という言葉を口にするとき、「……」以下の内容が何であれ、言い知れぬ不愉快さが湧き起こり、全身に虫酸が走る。「……」以下が自慢話になっているときは、何というか、「凄いでしゅねー」といって突き放しておけばいいのだが、最悪なのが、「……」が自己批判的なものになっているときだ。

東大生であることの意味を批判的に捉え返し、エリートとして見られてしまう自らの立ち位置を検討する、といえば聞こえはいいが、ようするに、自己批判することによって逆説的に東大なるものの権威を再確認して悦に入っているのではないか。マスコミのマスコミ批判（「最近のマスコミは駄目だ」と批判したうえで、「マスコミ人の使命」とやらを得々と語る）の嫌らしさと同じである。東大生のなかには、そういう自己批判的な東大語りをやたらと好む輩（あるいは、自分が「東大生っぽくない」ことを演出するのに過剰なまでの労力を使っている人）がいる。彼らは東大が世間から批判されればされるほど東大なるものの社会的威信を再確認するのだ。

だから、そういう東大語り好きの東大生に「東大生は頭でっかちだ」「勉強以外知らない」「偉ぶっている」「世間知らず」とか批判しても、彼らにとっては痛くも痒くもない（自分がいかにそうした東大生像と違った存在であるのかを得意げに語る人もいるだろう）。かれらが一番怖れるのは、「で？」というあっけらかんとした問いかけ、東大なるものをそもそも特別なものとして認知しないところから発せられる、朴訥とした返しだ。その「で？」を非東大生の「強がり」と解釈すれば、東大語り好きの心の安寧を保つこともできるかもしれない。しかし、大学を卒業してみれば（一部の奇特な人たちを除いて）誰しも認識せざるをえないことだが、この「で？」は思いのほか拡がりと深みと力を持っている。「新自由主義」的な社会編成の原理が浸透していくなかで、「で？　君は誰なんだ？」という問いはますます先鋭化していくことだろう。自己批判をしている暇があったら、この「で？」に応答していくための知恵とスキルを身に着けるための努力をしたほうがよい。

＊

本書で上野さんが提示しているのは、まさしくこの「で？」の問いであり、またその「で？」に応答していくための方法論である。注意しておきたいのは、この「で？」は東大生をはじめとする「エリート」に対してのみ投げかけられるものではなく、東大を頂点として成り立っている（ということになっている）学校化社会の論理を内面化した人すべてに、投げかけられうるものである、ということだ。

学校化社会とは、「明日のために今日のがまんをする」という「未来志向」と「ガンバリズム」、そして「偏差値一元主義」といった学校的価値が、学校空間からあふれ出し、それ以外の社会にも浸透していった状態。学校的な業績原理や組織の論理などが、学校以外の領域でも適用されてしまう社会といっていいだろう。会社でもサークルでも大学院でもその他の組織でもいいが、「未来志向」と「ガンバリズム」、何らかの客観化・一元化可能な指標によって人を序列化しうるという発想（その指標の目標値を達成すれば正のサンクションが与えられるべきだ、という共同幻想の実体化）は、複雑な社会の成り立ちを考えれば、そして近代以前の社会のあり方を考えれば、相当にローカルなものにすぎないはずだ。「学校化」の論理はたしかにそれなりに強い存在感と規範性を持っているが、それは、社会全般の成り立ちの基本原理などではなく、部分的に妥当するにすぎないローカルな社会編成のロジックである。

しかし、長い学校内モラトリアムを持つようになった——学校的価値観のなかで十年以上暮らすことに慣れきってしまった——私たちの社会においては、その部分的な論理を全体の論理に読み違えてしまう人が一定数出てきてしまう。

就職活動というのは、選抜規準や指標が明確ではない、面接者の主観によって自分の評価が大きく左右されるという点で、多くの大学生たちにとってははじめて触れる学校的価値の外部である、つまりはじめて問いかけられる「で？」という問いであるといえるだろう。また、私のフィールドでいうと、多くの文系大学院なども、客観テストと学級的な組織原理で成り立ってきた学校的空間とは異質な世界だ。大学院生を見ていると、依ってたつ原則、目指すべき指標が明確でないことに戸惑い、途方に暮れている人が少なくない。大学院では「自分《オリ》の問題《ジナリティ》意識」がもっとも重要視され、つねに「で？」と問いかけられる。その問いを前に言葉に詰まっている学生は決して少なくない。かれらもまた、学校化社会の被害者なのだろう。「で？」の問いというのは、ようするに、学校的価値の外部が社会に広がっていること、学校的価値が局所的なものにすぎないことを突きつける問いのことである。上野さんは、繰り返し学校化社会の象徴的存在ともいえる東大生に対し「で？」と問いかけ（「なんや、東大生って偏差値高いだけのふつうの子や」「だから私は、東大生とは自分を特別な存在だとカン違いしているふつうの子たちで、自分がふつうであることを躍起になって証明したがっているふつうの子たちだ」）、東大生に限らず私たちの社会に広く深く浸透している「学校化」の引力から抜け出していくための知恵と方法とを示唆する。そうしたサバイバル術の一つが、事例とともに詳しく紹介されているＫＪ法である。

本書で上野さんは、たんに社会調査の一方法としてＫＪ法を紹介しているのではない。そうではなく、経験的なリアリティを共同的・相互主観的に探索することによって、学校的な知識と価値の限界を知り、その外部世界の豊かさと複雑さと冷酷さに触れる一つの方法――「社会に出てから知識を入れる引き出しの開け方」――として、ＫＪ法を挙げているのだ。ＫＪ法は「偏差値四流校」の学生たちを偏差値コンプレックスから解放し、東大生を知識ゲームの殺伐とした空気から解放した。私が学生のときも、上野さんはＫＪ法の特別ゼミを夜遅くまでやっていた記憶があるが、あれは社会調査法を教え込むためというよりは、学校的価値の外部世界を生きていくためのスキルを伝授しようとしていたのではないか（共同作業が大の苦手の私は出席していなかったが）。東大生も偏差値四流校生も、いずれは「で？」の問いを突きつけられる。「社会学者は想像力よりもつねに現実のほうが豊かだと思う人間です」という上野さんならではの、教授法であったと思う。

＊

本書は、東大教師体験物語でもなければ、わかりやすい東大批判、偏差値教育批判の書でもない。また、教養の崩壊を嘆く人文主義的ノスタルジーの本でもないし、イケイケのアメリカニゼーション＝英語圏帝国主義の礼賛本でもない。本書は、たまたま「さまざまな活動の一つ」として東京大学教員をつとめているにすぎない、多面的・多眼的な実践家、思想家による「学校」フィールドワークの書である。学校的価値をいかにして相対化し、そしてそうした価値をどのように社会の中でハンドリングしていくのか……学校化社会にサヨナラするためのヒントを読者一人一人に読み取ってほしいと思う。

ちくま文庫

サヨナラ、学校化《がっこうか》社会《しゃかい》

二〇〇八年十月十日　第一刷発行
二〇二〇年六月十日　第七刷発行

著　者　上野千鶴子（うえの・ちづこ）
発行者　喜入冬子
発行所　株式会社　筑摩書房
東京都台東区蔵前二―五―三　〒一一一―八七五五
電話番号　〇三―五六八七―二六〇一（代表）
装幀者　安野光雅
印刷所　中央精版印刷株式会社
製本所　中央精版印刷株式会社

ISBN978-4-480-42460-0　C0137